Con agradecimiento

al Sacerdote

gabriel Flores

Por el apoyo al

Escritor

Octavio Valade

EL BASTÓN DE MI MADRE.

ÉSTE DÍA, YA MUY TARDE ME HE DADO CUENTA, QUE SIENDO UN NIÑO, ME PORTE CÓMO EL MÁS GRANDE DE LOS EGOÍSTAS.

DESEABA, QUE RÁPIDO PASARA EL TIEMPO, SOÑABA CON SER ADOLESCENTE Y DEJAR DE JUGAR CON TROMPOS Y CANICAS, QUERÍA EXPERIMENTAR, LOS BESOS DEL PRIMER AMOR.

DESPUÉS, LOCAMENTE DESEABA PERDERME EN EL TIEMPO Y EN OCASIONES, SE ME HACÍAN INTERMINABLES LAS HORAS, LOS DÍAS, PARECÍAN ETERNOS Y SENTÍA, QUE LOS AÑOS NO PASABAN.

INCONTABLES VECES, DESEABA QUE LAS NOCHES FUERAN DÍAS Y MÁS, CUÁNDO AQUÉLLA FUERTE MUJER, ME REPRENDÍA O JUSTAMENTE ME CASTIGABA.

HOY QUE MIRÉ A MI MADRE, CAMINAR APOYADA EN SU BASTÓN, YA CONVERTIDA EN UNA VIEJECITA, QUISIERA REGRESAR EL TIEMPO.

PERO AQUÉL PEQUEÑO Y GRAN EGOÍSTA, NUNCA PENSÓ, QUE MIENTRAS ÉL AÑORABA CRECER, SIN PENSARLO, TAMBIÉN DESEABA QUE AQUÉLLA FUERTE MUJER ENVEJECIERA.

HOY QUISIERA VOLVER A ESCUCHAR AQUÉLLOS FUERTES REGAÑOS Y SEGURAMENTE, DISFRUTARÍA SUS CASTIGOS.

PERO YA NO ES POSIBLE, DE LA VOZ FUERTE Y AUTORITARIA, SÓLO QUEDA UN DULCE SUSURRO Y DE AQUÉLLA FORTALEZA, NADA QUEDA.

ASÍ QUE SÓLO ME RESTA, DAR GRACIAS A DIOS, PORQUE AÚN PUEDO MIRAR, A MI LINDA VIEJECITA, APOYADA, EN SU BASTÓN.

ENTRE GLOBOS Y PALOMAS.

EN UNA GRAN CIUDAD, COMO HAY MUCHAS, CIRCULABA UN LUJOSO AUTOMÓVIL, EN ÉL, VIAJABA UN ANCIANO MUY ELEGANTE.
Y AL PASAR POR UN JARDÍN, LE PIDIÓ AL CHÓFER QUE SE DETUVIERA.
EL CHOFER DETUVO EL AUTO Y PRESTÓ, CORRIÓ A ABRIRLE LA PUERTA AL ELEGANTE ANCIANO.
EL CUÁL, CAMINÓ HACÍA UN PARQUE, DÓNDE UN VIEJO AMIGO, OTRO ANCIANO QUE SOSTENÍA UNOS GLOBOS EN LA MANO Y JUGUETEABA CON UNOS NIÑOS, DÁNDOLES DE COMER MAÍZ A UNA PALOMAS, MIENTRAS LOS NIÑOS CON GRAN ALGARABÍA, LE GRITABAN ABUELITO, ABUELITO.
AL VERLO LLEGAR, EL ANCIANO QUE ESTABA CON LOS NIÑOS, SALUDÁNDOLO, LE DIJO, HACE MUCHO TIEMPO QUE NO TE VEÍA, DIME QUE HA SIDO DE TU VIDA.
EL ELEGANTE ANCIANO VOLTEANDO HACÍA EL CIELO, LE DIJO.
HOY, ME HE DADO CUENTA, QUE NUNCA VIVÍ, MI VIDA LA PASE ENTRE CHEQUERAS Y CUENTAS BANCARIAS.
Y HOY AL ESTAR PARADO FRENTE A ESA BÓVEDA DE MI BANCO, ME DI CUENTA, QUE ME QUEDABA MUY POCO TIEMPO, PARA ESTAR IGUAL QUE TODO ESE DINERO, QUE DURANTE TANTOS AÑOS AMASE Y SIENTO, QUE YA LA MUERTE CAMINA DE MI MANO.
Y DARÍA TODA MI FORTUNA, PARA COMPRARLE TIEMPO A LA MUERTE, PERO NO ES POSIBLE Y LO MÁS TRISTE, ES QUE ME HE DADO CUENTA, QUE CASI TODOS, SOLO QUIEREN A MI DINERO, NO A MI.
EN CAMBIO, VEO CÓMO DISFRUTAS A ESOS NIÑOS, LOS GLOBOS Y DARLE DE COMER A ESAS AVES.
EL ANCIANO CONTESTÓ, YO NO TUVE LA RIQUEZA DEL DINERO, COMO TU.
PERO GOCE DEL AMOR DE MÍ FAMÍLIA, DE SU TIEMPO Y FUI MUY FELÍZ, POR LO TANTO, NO TEMO A LOS PASOS DE LA MUERTE, AL CONTRARIO, YA LA ESPERO Y DOY GRACIAS A DIOS, POR MI TIEMPO EN LA TIERRA.
Y QUIERO QUE EL DÍA QUE PARTA, MI ALMA VUELE LIBRE, SIN CARGA, ENTRE GLOBOS Y PALOMAS.
Y AL DECIR ESTO, ABRAZANDOSE LOS DOS ANCIANOS SE DESPIDIERON, PRESINTIENDO QUE TAL VEZ, ESA DESPEDIDA ERA PARA SIEMPRE.

UNA CHOZA DE ADOBE Y PAJA.

EN UN CAMINO RURAL, CÓMO HAY MUCHOS, UN ANCIANO YA
ENCORVADO POR LOS AÑOS Y DE PIEL CURTIDA POR EL SOL, DE
HUARACHES Y CON SUS TALONES PARTIDOS POR EL FILO DE LAS
PIEDRAS, CAMINABA CARGANDO EN SUS HOMBROS, UN GRUESO
TERCIO DE LEÑA Y ASÍ CÓMO CARGABA ÉSE PESADO TERCIO DE LEÑA,
TAMBIÉN CARGABA, UNA PESADA HISTORIA Y AÚN ASÍ, LUCHABA POR
SOBREVIVIR.

DESPUÉS DE UN LARGO CAMINAR, SOBRE AQUÉL RÚSTICO CAMINO,
LLEGABA A AQUÉLLA CASITA HECHA DE ADOBE Y PAJA, DÓNDE LO
ESPERABA UNA VIEJECITA, QUE AL VERLE LLEGAR, SUS LABIOS
SIMULABAN UNA SONRISA, MIENTRAS QUE SUS OJOS, DENOTABAN
UNA GRAN TRISTEZA.

EN EL PATIO DE LA CHOZA, HABÍA, UNA CHIMENEA HUMEANTE, SOBRE
LA CUÁL ESTABA SENTADA, UNA OLLA DE BARRO, LLENA DE TIZNE Y A
LADO ESTABA UNA MESA, HECHA DE MADEROS RÚSTICOS.

LA CUÁL ESTABA RODEADA, DE SEIS SILLAS, LAS DOS SILLAS DE LAS
CABECERAS, YA ESTABAN MUY DESGASTADAS, MIENTRAS QUE, LAS
CUATRO SILLAS DE LOS COSTADOS, PRÁCTICAMENTE INTACTAS.

 Y SOBRE LA MESA, SEIS PLATÓS DE BARRO, RUSTICAMENTE
DECORADOS Y DE IGUAL FORMA, A LOS PLATOS DE LAS CABECERAS,
PRÁCTICAMENTE YA SE LES HABÍA BORRADO, EL RÚSTICO DIBUJO,
MIENTRAS QUE A LOS OTROS, CLARAMENTE, SE LES MIRABA AQUÉL
DIBUJO, DE UNAS PALOMAS BLANCAS,   CON SUS ALAS EXTENDIDAS.

CON EL PRETEXTO DEL HUMO QUE EMANABA DEL AVIEJA CHIMENEA,
A LA VIEJECITA, FRECUENTEMENTE SE LE LLENABAN LOS OJOS DE
LÁGRIMAS, AL MIRAR LOS PLATÓS Y LAS SILLAS VACÍAS.

QUE TRISTE HISTORIA, EN SILENCIO CONTABAN AQUÉLLOS PLATÓS O
AQUÉLLAS SILLAS, QUÉ HISTORIA, ERA LA QUE OCULTABAN AQUELLOS
TRISTES OJOS.

TAL VEZ, ÉSA HISTORIA, LES QUEMABA LOS CORAZONES CUAL LEÑO
ARDIENTES A ESE PAR DE VIEJOS.

O TAL VEZ, UNOS HIJOS, HABÍAN VOLADO DEJANDO SU NIDO Y
OLVIDANDO COMPLETAMENTE, A AQUÉLLOS PLATÓS Y AQUÉLLAS
SILLAS Y DEJADO ABANDONADOS PARA SIEMPRE, A AQUÉLLOS DOS
VIAJECITOS, EN ESA CHOZA DE ADOBE Y PAJA.

3

UN REGALO DEL TIEMPO.

ERA UN ROSTRO YA SURCADO POR ARRUGAS Y SU ESCASO PELO, YA ESTABA TOTALMENTE ADORNADO DE COLOR BLANCO, AQUÉLLOS OJOS DE MIRADA SUPLICANTE, BUSCABAN CON VIVEZA, A UN SER QUE BONDADOSAMENTE,
SE DESPRENDIERA DE ALGUNAS MONEDAS.
EN SU LENTO Y PENOSO CAMINAR, APOYADA SOBRE UN BURDO BASTÓN, HECHO CON EL PALO DE UNA ESCOBA.
AQUELLA ANCIANITA ENCONTRABA A MUCHAS PERSONAS QUE CON INDIFERENCIA, LA DEJABAN CON LA MANO EXTENDIDA Y SOLO LES DECÍA, QUE DIOS TE BENDIGA.
SEGUÍA CAMINANDO Y EN SU ROSTRO SE MIRABA UNA MUECA QUE SIMULABA UNA SONRISA.
AQUELLA SONRISA, ERA DEDICADA AL EL TIEMPO, AL TIEMPO CON EL CUAL HABÍA SOSTENIDO ÉPICAS BATALLAS Y QUE FINALMENTE, LE GANÓ LA BATALLA CUBRIENDOLE EL ROSTRO DE ARRUGAS Y DE BLANCO SU CABELLO.
PERO AUN ASÍ, ELLA LE SONREÍA A LA VIDA, DE PRONTO, ENAJENADA EN SU CAMINAR, SE DETUVO FRENTE A UNA TIENDA, DE LA CUAL SALÍAN, UNA JOVEN MADRE Y SU PEQUEÑO HIJO.
LA MADRE PASÓ DE LARGO IGNORANDO A LA VIEJECITA, QUE SE QUEDÓ CON LA MANO EXTENDIDA Y EL NIÑO TOMÓ UNA MANZANA DE UNA DE LAS BOLSAS Y SE LA DIO A LA VIEJECITA.
LA ANCIANITA SOLO SONRIO, POR LA BONDAD DE AQUEL NIÑO Y AL SONREÍR, EL NIÑO SE DIO CUENTA QUE LA VIEJECITA, NO TENÍA DIENTES PARA COMERSE LA MANZANA Y AUN ASÍ LE DIO LA GRACIAS AL NIÑO, POR HABERLE REGALADO LA MANZANA.
Y LO BENDIJO IGUAL QUE AL TIEMPO, PORQUE TRAS DE MUCHAS BATALLAS PERDIDAS O GANADAS, LE HABÍA REGALADO UNO DE LOS REGALOS QUE EL TIEMPO DA, LAS ARRUGAS.

UN MUNDO FALSO Y MUCHOS DIOSES.

HE SOÑADO CON UN MUNDO LIBRE SIN FRONTERAS, NI FALSOS
IDEALES Y SIN TANTAS RELIGIONES.
DÓNDE PODAMOS SER LIBRES, SIN ATADURAS A CONVENENCIERAS
LEYES O FALSAS MORALES.
EL HOMBRE NACIÓ LIBRE, CUÁL LIBRE NACEN LAS AVES, PERO EL
HOMBRE CON INJUSTAS LEYES Y FALSAS RELIGIONES.
HA CREADO BARRERAS DE ACERO SEPARANDO AL HOMBRE DEL MISMO
HOMBRE.
COMO PUEDE, CADA RELIGIÓN TENER UN DIOS?
O CÓMO PUEDE HABER, UN DIOS CON TANTOS NOMBRES?,
PARA QUÉ NECESITARÍA UN CUERPO, MUCHAS ALMAS, QUE PASARÍA
CON ESE CUERPO?.
QUÉ SERÍA DE ESAS ALMAS?.
ENTONCES, SI HAY UN SOLO DIOS?.
PARA QUÉ, TANTAS RELIGIONES?
SI NADIE, TIENE LA FE, PARA CAMINAR SOBRE EL AGUA.
MENOS, PARA QUE EL AGUA, SE ABRA A SUS PIES.
EXTRAÑO, NO?, POCA FE Y MUCHAS RELIGIONES.
YO NO SE, DE DÓNDE VENIMOS, QUIÉNES SOMOS O HACÍA DÓNDE
VAMOS.
PERO DE UNA COSA ESTOY SEGURO, QUE AL MORIR, ESTARÉ ANTE UN
SOLO DIOS Y LIBRE, DE ESTE MUNDO FALSO Y DE MUCHOS DIOSES.

EN LA SOLEDAD.

VIVIR EN LA SOLEDAD,

ES QUERER ESCONDERTE DE TU PASADO,

HUYENDO DE LA REALIDAD.

PERO, LA NOSTALGUIA,

SE CONVIERTE EN UNA DAGA FILOSA,

QUE, DESGARRA TU ALMA Y

EMPIEZAS A MORIR LENTAMENTE.

LOS PAYASITOS Y EL INVÁLIDO.

ERAN DOS PEQUEÑOS PAYASITOS. QUÉ AUNQUE TENÍAN MAQUILLADO EL ROSTRO, SE NOTABA QUE ERA UN NIÑO Y UNA NIÑA.
LOS DOS ACTUABAN EN UN JARDÍN, TRATANDO DE ATRAER LA ATENCIÓN, DE LAS PERSONAS QUE AHÍ PASEABAN.
Y A PESAR DE SU CORTA EDAD, YA ERAN UNOS GRANDES PAYASOS.
Y LA GENTE DISFRUTABA DE SUS MONERÍAS, LANZANDO MONEDAS DENTRO DE LA GORRA, QUE TENÍAN TIRADA SOBRE EL PISO.
PERO CÓMO SIEMPRE PASA, NO FALTÓ QUIÉN JUZGARÁ, DICIENDO, TAL VEZ ALGUIEN LOS EXPLOTA Ó EL PADRE ES UN BORRACHO DESOBLIGADO.
ALGUIEN PREGUNTÓ!.
POR QUÉ ESTÁN SOLOS?,
DÓNDE ESTÁN SUS PADRES?.
EL NIÑO NO DIJO NADA, SOLO SE AGACHO, PERO A LA NIÑA, SE LE CORRIÓ LA PINTURA, POR LAS LÁGRIMAS Y SÓLO PUDO DECIR, MI MAMITA ESTÁ MUERTA. Y MI PADRE, NO NOS EXPLOTA, NI ES UN BORRACHO DESOBLIGADO. NOSOTROS, TRABAJAMOS PARA AYUDARLE.
AL ESCUCHAR ESTO, UN HOMBRE SE ACERCÓ RÁPIDAMENTE, DICIENDO, SON MIS HIJOS.
AL ESCUCHAR LA VOZ, TODOS VOLTEARON Y AL MIRARLO EN SILLA DE RUEDAS, SE AHOGARON CON LAS PALABRAS ANTES DICHAS.
Y LOS PAYASITOS, CORRIERON A ABRAZARLO, CON MUCHO AMOR.
Y YA CON SUS CARITAS DESPINTADAS, A SU PAPITO, LA SILLA DE RUEDAS, LE EMPUJARON.

MIRA HACIA EL CIELO.

POR FAVOR, MIRA HACIA EL CIELO,

Y NO SOLO HABRAS TUS BRAZOS,

TAMBIEN HABRE TU CORAZON.

PARA QUE DEJES QUE TU ALMA,

SE INPREGNE DE ESE RAYO INVISIBLE,

QUE TE LLENA DE FE, BONDAD Y AMOR, HACIA TU PROJIMO.

PORQUE CADA DIA,

SE PIERDE MAS LA FE Y EL AMOR HACIA NUESTROS SEMEJANTES,

TAMBIEN CRECE LA ENVIDIA Y EL RENCOR.

 NO PERMITAS, QUE EL ODIO DESTRUYA LO QUE FUE,

UN MUNDO LLENO DE HUMANIDAD,

QUE CUANDO PASABAN TRAGEDIAS O CATASTROFES.

 TODOS AYUDABAMOS, SIN IMPORTAR LENGUA, CREDOS, NI RELIGIONES.

POR FAVOR, HAGAMOS CONCIENCIA

Y NO PERMITAMOS QUE SE PIERDA, LA BONDAD HUMANA.

EL ABOGADO Y EL REO.

UN HOMBRE ELEGANTEMENTE VESTIDO, SE PRESENTÓ EL LA BARANDILLA DE UNA CÁRCEL Y PIDIÓ HABLAR CON UN REO.

EL CARCELERO GRITÓ UN NOMBRE Y QUE TENÍA VISITA, A LOS POCOS MOMENTOS APARECIÓ UN HOMBRE, CON LAS ROPAS SUCIAS, EL PELO Y LA BARBA MUY CRECIDOS Y LE PREGUNTO AL HOMBRE ELEGANTE, QUIEN ERES?.

EL HOMBRE CONTESTÓ, SOY TU ABOGADO, EL REO LE DIJO, QUE INJUSTICIA DEL HOMBRE, POR TOMAR COMIDA PARA MITIGAR EL HAMBRE DE MI FAMILIA, ESTOY PRESO.

YO CAMINE POR MUCHAS PARTES PIDIENDO TRABAJO Y SE ME NEGÓ, AL TENDERO LE PEDÍ COMIDA, PARA MITIGAR EL HAMBRE DE MIS HIJOS Y ME OFENDIÓ.

HUMILLADO, LLEGUÉ A MI CASA, PERO MIS HIJOS LLORABAN DE HAMBRE, NO SOPORTE SU LLANTO Y REGRESE AQUELLA TIENDA, DONDE ME HABÍAN OFENDIDO Y TOMANDO ALGUNAS COSAS, PERO DICIÉNDOLE AL TENDERO QUE LE PAGARÍA.

Y DE INMEDIATO CORRÍ A CASA Y CUANDO ESTABA EN LA MESA CON MIS HIJOS LLEGÓ LA POLICÍA Y AHORA SOY UN REO.

PERO AQUEL QUE ROBA PARA VESTIR ELEGANTE Y TRAER LUJOSOS CARROS O QUE ROBA AL PUEBLO Y LO TIENE MURIÉNDOSE DE HAMBRE, A ESE LO APLAUDEN Y ES UN GRAN SEÑOR.

EL ELEGANTE ABOGADO, SE LE QUEDÓ MIRANDO FIJAMENTE Y NO DIJO NADA, EL REO RECALCÓ, ME DELITO, NO FUE ROBAR COMIDA PARA MIS HIJOS. MI ÚNICO CRIMEN, ES SER POBRE, AHORA DÍGAME, CREE QUE OCUPÓ ABOGADO?.

AQUEL ELEGANTE HOMBRE, SIN DECIR NADA, AGACHO LA CABEZA Y SE FUE.

BATALLAS INUTILES.

NO CANSES AL GUERRERO QUE LLEVAS DENTRO,

CON BATALLAS INUTILES DE PELEAR.

MEJOR, PREPARALO CON EL CONOCIMIENTO

Y FORTALECELO CON INTELIGENCIA.

PARA QUE AL FINAL,

GANES LA GUERRA CON SABIDURIA.

EL ROJO DE MI BANDERA.

HOY HE MIRADO QUE MI PUEBLO, SIMBOLIZA SU PESAR, CON UNA BANDERA.
YO NO USARE BANDERAS, TAMPOCO ARÉ REPROCHES.
PERO, PARA QUE MOSTRAR FALSOS PESARES ANTE LA MIRADA DE DIOS.
QUE GANARIA CON FINGIR DOLOR, ANTEPONIENDO UN GRUESO MURO DE INDIFERENCIA, ANTE EL DOLOR QUE CUBRE MI PROPIA BANDERA.
SI MI BANDERA LA USARA PARA CUBRIR EL DOLOR Y LAS TRAGEDIAS DE MI PUEBLO, MI BANDERA, NO TENDRÍA EL COLOR VERDE Y BLANCO, SOLO SERIA DE COLOR ROJA.
COMO ROJO ES EL COLOR CON QUE SE HA TEÑIDO EL SUELO DE MI PATRIA, COMO PODER LLORAR EN MI PATRIA LAS TRAGEDIAS DE OTROS PAÍSES, SI EL SUELO DE MI PATRIA CADA DÍA SE CONVIERTE EN LAGUNAS DE SANGRE.
NO DEBEMOS GUARDAR RENCORES, TAMPOCO MALOS DESEOS, PERO COMO OLVIDAR AQUELLA BATALLA DE PUEBLA, SI EN MIS PRIMERAS CLASES, EN MI MEMORIA, LOS MAESTROS LA GUARDARON.
QUISIERA SOLTAR PALOMAS Y VOLARÁN LIBRES. POR CADA ALMA PERDIDA EN
TRAGEDIAS DE OTROS PAÍSES.
PERO CREO QUE EL CIELO DE MIS PAÍS, ES EL QUE MÁS SE LLENARÍA DE PALOMAS.
CORRUPTOS, MERCADERES DEL HAMBRE Y CRIMINALES CON INVESTIDURAS. HACEN QUE MI PAÍS, PAREZCA CAMPO DE BATALLA.
VUELAN PALOMAS VUELEN, SOLO ESPERO QUE EN SU VUELO NO SE ENCUENTREN CON PORFIRIO DIAZ, DIAZ ORDAZ, NI A SALINAS Y MENOS AL ACTUAL PRESIDENTE.
DÍGANLE AL MUNDO QUE MI PAÍS, DESDE HACE 100 AÑOS VIVE EN TRAGEDIA Y QUE NADIE, SU MURO LO PINTA, CON EL ROJO DE MI BANDERA.

SIN FE.

NO BLASFEMES, DONDE ESTA TU FE?.

DIOS TE PUSO UNA PRUEBA Y RENEGASTES.

HAY A QUIENES DIOS LES PONE MUCHAS PRUEBAS

Y AUN ASI DICEN,

SENOR QUE SEA TU SANTA VOLUNTAD.

TU SIN FE, MORIRAS DE SED.

DENTRO DE UN CAUDALOSO RIO.

PERO, EL QUE ESTA LLENO DE FE,

EN EL PEOR DESIERTO.

SIEMPRE ENCONTRARA UN OASIS.

DIOS NUNCA TE ABANDONA.

ERAN TANTAS MIS PENAS Y MIS PROBLEMAS, QUE DECIDÍ IR EN BUSCA DE DIOS Y EMPRENDÍ MI LARGO PEREGRINAR.
YA HABÍA PASADO MUCHO TIEMPO, QUERIENDO ENCONTRAR A DIOS, PARA RECLAMARLE, PORQUÉ ME HABÍA DESAMPARADO?.
YA MIS PIES HABÍAN SUFRIDO MUCHAS HERIDAS, PERO TODAS HABÍAN SANADO.
HABÍA CAMINADO MUCHO Y MUY CANSADO ME SENTÉ BAJO LA SOMBRA, DE AQUÉL VIEJO ÁRBOL Y MIRANDO AL CIELO CON UN GRITO DE DESESPERACIÓN PREGUNTE, DIOS, PORQUÉ NO HE PODIDO ENCONTRARTE?.
ESPANTADAS UNAS AVES, EMPRENDIERON SU VUELO.
AL LADO DE AQUÉL ÁRBOL, BROTABA UN PEQUEÑO MANANTIAL Y DE AHÍ PROVINO UNA VOZ TRANQUILA, ERA UN ANCIANO, QUE APACIBLEMENTE, ME DIJO, HACE MUCHOS AÑOS YO HICE LA MISMA PREGUNTA, SENTADO Y RECARGADO EN EL MISMO LUGAR DÓNDE AHORA TÚ ESTÁS.
Y TAMBIÉN ESPANTE ALGUNAS AVES QUE DESCANSABAN DE SU VUELO, SÓLO QUE NADIE ESTABA TOMANDO AGUA, COMO AHORA TOMO YO, Y SEGUÍ MI CIEGO CAMINAR, LLENO DE RENCOR, CREYENDO QUE DIOS ME HABÍA ABANDONADO.
EN MI CAMINAR TUVE MUCHOS PROBLEMAS, ME PASARON MUCHAS COSAS, PERO SIEMPRE SALÍ ADELANTE, ENTONCES ME DETUVE Y ME PREGUNTÉ, REALMENTE DIOS ME HA ABANDONADO?.
O FUI YO EL QUE ABANDONÓ SU CAMINO Y POR ESO HE TENIDO MUCHOS PROBLEMAS.
TU PODRÁS SEGUIR TU PEREGRINAR LLENO DE RENCOR Y TAL VEZ CON EL TIEMPO TE DARÁS CUENTA QUE DIOS, NUNCA TE ABANDONO.
YO TE INVITO A DEJAR, DE SER UN CIEGO Y REGRESAR POR EL CAMINO DE DONDE VIENES Y AHORA SI PODRÁS MIRAR LOS CAMPOS LLENOS DE FLORES, HERMOSAS NOCHES ESTRELLADAS Y QUÉ DECIR DE ESPLENDOROSOS AMANECERES.
AL TERMINAR DE DECIR ESTO, EL ANCIANO LE EXTENDIÓ LA MANO, PARA QUE SE INCORPORARÁ, AQUEL HOMBRE FALTO DE FÉ.
AL LEVANTARSE LE DIJO, SOLO PERMÍTEME TOMAR AGUA, DEL MISMO MANANTIAL DÓNDE TOMASTE TU Y AL PROBAR AQUÉLLA FRESCA AGUA SACIO SU SED.
Y AL INCORPORARSE MIRÓ A AQUÉL VIEJO ALEJÁNDOSE LENTAMENTE Y CUBIERTO POR UNA HERMOSA LUZ.
Y EN ESE MOMENTO SE DIO CUENTA, QUE DIOS, NUNCA LO HABÍA ABANDONADO.

FUERA DE LA PUERTA.

DESPUÉS DE MUCHO CAMINAR POR EL MUNDO Y RECIBIR TANTAS LECCIONES DE LA VIDA.
ME CONVERTÍ EN MAESTRO EN SUFRIMIENTO Y CAMPEÓN EN LAS DERROTAS.
Y AÚN CON TANTAS BATALLAS PERDIDAS, LE AGRADEZCO A LA VIDA, PORQUE CADA DERROTA, ME FORTALECIO Y ESTOY SEGURO, QUE HOY, DEBO REGRESAR A CASA, PERO, NO REGRESO CÓMO SALÍ.
POR QUÉ, EN MI LARGO CAMINAR, DEJE PERDIDO EL ORGULLO Y LA SOBERBIA.
LA VIDA ME ENSEÑÓ QUE EL ORGULLO Y LA SOBERBIA, SÓLO SON SÍNTOMAS DE DEBILIDAD DEL SER HUMANO.
TAMBIÉN APRENDÍ, QUE SIN IMPORTAR RELIGIÓN, IDEOLOGÍA O COLOR, TODOS SOMOS IGUALES.
Y QUE LA LEY, NO SIGNIFICA JUSTICIA, PORQUÉ SE APLICAN TOTALMENTE DIFERENTE, DE ACUERDO A LAS CLASES SOCIALES.
SIN EMBARGO, NO POR ESO, EL MUNDO DEJA DE SER, DE HERMOSOS COLORES, AUNQUE PARA ALGUNOS, SÓLO ES, DE COLOR OBSCURO.
TAMBIÉN APRENDÍ, QUE HAY DOLORES QUE PEGAN EN EL CORAZÓN Y NO SE CURAN CON MEDICINA Y QUE CASI SIEMPRE, EL CALLAR UN TE QUIERO, TERMINA FORMANDO UNA LAGUNA DE ARREPENTIMIENTO Y NOSTALGIA.
Y PRECISAMENTE LA NOSTALGIA, ÉSTA NOCHE INVADIÓ MI ALMA.
 PERO NO LA LLENÓ DE TRISTEZAS, AL CONTRARIO, LE AGRADEZCO A LA VIDA, TODAS SUS LECCIONES.
ASÍ, QUE REGRESARÉ SIN SOBERBIA, PERO CON EL CORAZÓN EN LA MANO.
Y SI ALGUNA VEZ, POR ORGULLO, OLVIDÉ DECIR UN TE QUIERO O SIMPLEMENTE DAR LAS GRACIAS.
HOY QUIERO DAR LAS GRACIAS A LA VIDA Y AUNQUE EN MIS NOCHES, LA SOLEDAD DORMÍA A MÍ LADO, A MI ALMA LA ILUMINABA EL SOÑAR CON EL AMOR.
ASÍ QUE HOY, HE DECIDIDO TERMINAR, CON MI SOLEDAD Y CONVERTIRLA EN UNA FIESTA.
POR ESO, QUIERO PEDIRLES QUE EN MI REGRESO, CAMINEN CONMIGO DE LA MANO Y AL ENTRAR EN MI CASA, LA SOLEDAD Y TRISTEZA DEJARLAS, AFUERA DE LA PUERTA.

EL TRAGAFUEGOS, EL LIMPIAVIDRIOS Y SU AMIGO.

EN UNA ESQUINA, DE LAS MUCHAS QUE HAY EN LAS GRANDES
CIUDADES, TRABAJABAN UN LIMPIAVIDRIOS Y UN TRAGAFUEGOS.
EL TRAGAFUEGOS, ERA UN HOMBRE DE ALGUNOS 30 AÑOS Y EL
LIMPIAVIDRIOS, APENAS ERA UN NIÑO.
AL PONERSE EN ROJO EL SEMÁFORO, EL TRAGAFUEGOS HACIA SU
NÚMERO, MIENTRAS QUE EL PEQUEÑO, LE LIMPIABA EL VIDRIO A LOS
CARROS, AL CAMBIAR A VERDE EL SEMÁFORO, LOS DOS, SE SENTABAN
EN LA BANQUETA.
EL PEQUEÑO, SE PONÍA A CHIFLAR, PORQUE ERA MUY ALEGRE,
MIENTRAS QUE EL TRAGAFUEGOS, DEMOSTRABA UNA GRAN PENA.
EN UNA OCASIÓN, EL PEQUEÑO LE PREGUNTÓ, POR QUÉ SIEMPRE
TIENES ESA CARA DE TRISTEZA?.
EL TRAGAFUEGOS CONTESTO, PORQUE, CON LO QUE GANO, APENAS
ALCANZA, PARA QUE MI FAMILIA MAL COMA.
EL PEQUEÑO LE DIJO, YO TENGO A MI MAMITA ENFERMA Y COMPRO
SUS MEDICINAS Y CUÁNDO VEO QUE NO ME ALCANZARA, LE PIDO A MI
AMIGO, QUE ME AYUDE, ES POR ESO, QUE YO NUNCA ESTOY TRISTE, SI
QUIERES VAMOS JUNTOS, A PEDIRLE QUE TE AYUDE.
EL TRAGAFUEGOS PREGUNTO, DEBERÁS CREES QUE ME AYUDARA?.
EL PEQUEÑO LE DIJO, SI, ÉL ES BUENO Y TE AYUDARA.
AL OTRO DIA, DESPUES DE IR A VER AL HOSPITAL A SU MAMITA, EL
PEQUEÑO LE DIJO, AHORA SI VAMOS A VER A MI AMIGO.
Y EMPEZARON A CAMINAR, EL TRAGAFUEGOS PREGUNTO, EN DONDE
VIVE TU AMIGO?.
EL NIÑO DIJO, MI AMIGO VIVE EN UNA GRAN CASA, EL TRAGAFUEGOS
PENSÓ, QUE ERA UN HOMBRE RICO Y QUE VIVÍA EN UNA MANSIÓN, DE
PRONTO, EL NIÑO SE PARÓ, FRENTE A LAS PUERTAS DE UNA IGLESIA Y
LE DIJO, PÁSATE, MI AMIGO ESTÁ AQUÍ ADENTRO Y NOS ESTÁ
ESPERANDO.
EL TRAGAFUEGOS ERA UN HOMBRE SIN FE, PERO AUN ASÍ LO SIGUIÓ Y
EL NIÑO SE INCO FRENTE A UN CRUCIFIJO Y LE DIJO, EL ES MI AMIGO
DEL QUE TANTO TE HE HABLADO.
AQUÉL HOMBRE SIN FE, AL MIRAR LA DEVOCIÓN DE AQUEL NIÑO,
COMPRENDIÓ QUE ESTABA CIEGO, PORQUE NO VEÍA CON LA CLARIDAD
DE LA FE Y AHORA YA TENÍA UN NUEVO AMIGO.

EL TESORO DE LOS VIEJITOS.

ERA UN HOGAR CÓMO CUALQUIER OTRO, SÓLO QUE NO SE
ESCUCHABAN GRITOS DE NIÑOS, NI DISCUSIONES DE ADULTOS,
REINABA EL SILENCIO Y LA SOLEDAD.
SÓLO SE MIRABAN DOS ANCIANOS, QUE DE VEZ EN CUÁNDO SALÍAN A
CAMINAR, UNO APOYADO EN EL OTRO.
Y ERA MUY RARO VER QUE ALGUNA PERSONA LOS VISITARA, AUNQUE
TENÍAN VARIOS HIJOS Y MUCHOS NIETOS.
PERO EN UNA OCASIÓN, DE LAS MUY ESPORÁDICAS QUE TENÍAN HIJOS
Y NIETOS DE VISITA, LOS VIEJITOS HABLARON DE UN GRAN TESORO
QUE TENÍAN GUARDADO EN UNA CAJA FUERTE.
Y A PARTIR DE ESE DÍA, NACIÓ EL SENTIMIENTO DE LA AMBICIÓN Y
ENTRE MÁS PASABA EL TIEMPO, MÁS INTERÉS HABÍA SOBRE AQUÉLLOS
DOS VIEJITOS, POR PARTE DE LOS HIJOS Y LOS NIETOS.
PERO NUNCA FALTABA LA INTERESADA PREGUNTA, QUE A CUÁNTO
ASCENDÍA LA FORTUNA QUE LOS ANCIANOS TENÍAN GUARDADA.
PERO LOS VIEJITOS SÓLO CONTESTABAN, QUE PARA ELLOS, ERA UNA
INVALUABLE FORTUNA.
Y CÓMO SIEMPRE PASA, LOS ANCIANOS PARTIERON A ESE VIAJE SIN
REGRESO.
Y ENTONCES, LOS HIJOS Y NIETOS, SIN PÉRDIDA DE TIEMPO, NI ASOMO
DE DOLOR, EMPEZARON A PELEAR, POR ABRIR AQUÉLLA CAJA FUERTE.
LA AMBICIÓN LOS HACÍA PELEAR ENTRE ELLOS, PERO AL ABRIRLA,
SÓLO HABÍA UNA CARTA, QUE DECÍA: AQUÍ YACE EL TESORO QUE
HEMOS ACUMULADO A LO LARGO DE NUESTRA VIDA.
EL TESORO INCALCULABLE DE LOS VIEJOS SOLO ERAN, RECUERDOS
EN
FOTOGRAFÍAS.
DESDE LUEGO, PARA AQUÉLLOS AMBICIOSOS, EL GRAN TESORO DE
LOS VIEJITOS, NO TENÍA, VALOR ALGUNO.
PERO PARA AQUEL PAR DE VIEJITOS HABÍA SIDO, SU GRAN TESORO.

FELIZ NAVIDAD.

POR LA BANQUETA DE UNA IGLESIA, CAMINABA UN HOMBRE, APOYADO EN DOS MULETAS, LO ACOMPAÑABAN UN CIEGO Y UN NIÑO EN SILLAS DE RUEDAS.
LOS TRES, ERAN CONOCIDOS POR LOS FELIGRESES DE ESA IGLESIA, PORQUE, ACOSTUMBRABAN A PEDIR CARIDAD EN ESE ATRIO.
CUÁNDO ESTABAN EN LA PUERTA, SE ENCONTRARON, CON EL SACERDOTE QUE OFICIABA LA MISA, EN ESA IGLESIA.
EL SACERDOTE LES PREGUNTÓ, A DÓNDE VAN HIJOS MÍOS?.
EL CIEGUITO CONTESTÓ, VENIMOS A VER A DIOS SEÑOR CURA.
Y LOS TRES SE PARARON FRENTE A LOS ALTARES, SE PERSIGNARON Y EL DE LAS MULETAS DIJO, VENIMOS A DARTE GRACIAS, PORQUÉ NOS A PERMITIDO CAMINAR, HASTA DÓNDE ESTAS TU.
EL NIÑO DE LA SILLA DE RUEDAS COMENTÓ, GRACIAS SEÑOR, NO CABE DUDA QUE ES INFINITA TU MISERICORDIA, YA MAÑANA ES NOCHE BUENA Y AUNQUE YA HAY POCOS CORAZONES BONDADOSOS, CON SU CARIDAD, AJUSTAMOS PARA COMPRARLES ALGUNOS REGALOS A NUESTRAS FAMILIAS.
UN FELIGRÉS QUE ESCUCHABA, EXCLAMÓ, PERO CÓMO VAN A GASTARSE EL DINERO DE LA CARIDAD EN REGALOS?.
EL CIEGUITO CONTESTO, CLARO ESTAMOS DISCAPACITADOS FÍSICAMENTE, PERO NO DEL ALMA, NI DEL CORAZÓN, SOMOS SERES HUMANOS COMO TU, TENEMOS PADRES E HIJOS, POBREMENTE, PERO YA LES COMPRAMOS SUS REGALITOS.
EL NIÑO DIJO, YO A MI VIEJITOS LES COMPRE UNOS LENTES, CASI NO VEÍAN.
EL DE LAS MULETAS LE PREGUNTÓ AL FELIGRÉS, TIENES PAPÁS?.
EL FELIGRÉS CONTESTÓ. SI Y TIENES HIJOS?.
EL FELIGRES DIJO, SÍ.
EL INVALIDO LE VOLVIÓ A PREGUNTAR Y YA LES COMPRASTES SUS REGALOS?.
EL FELIGRÉS CONTESTO, SOLAMENTE A MIS HIJOS.
Y EL CIEGUITO DIJO Y TUS PADRES NO MERECEN UN REGALO?.
Y EL FELIGRÉS LLORANDO, LES DIO LAS GRACIAS POR LA LECCIÓN QUE LE HABIA DADO, ESOS SERES DISCAPACITADO FÍSICAMENTE, PERO, LLENOS DE BONDAD Y AMOR.

REGALO.

NO LES PARECE EXTRANA, ESA PALABRA,

COMO SE LE PUEDE DECIR REGALO,

A ALGO QUE TIENE PRECIO.

ORO, DIAMANTES,

Y TANTAS OTRAS COSAS MATERIALES.

UN REGALO, DEVE DE SER AQUELLO,

QUE NO SE COMPRA CON DINERO.

COMO AMISTAD, EN ENVOLTURA DE RESPETO,

AMOR, CON ENVOLTURA DE CARINO,

CUANDO SE REGALAN, COSAS MATERIALES,

EL QUE LO RECIBE,

POCAS VECES, QUEDA CONFORME,

Y EL QUE LO REGALA,

CASI SIEMPRE RENIEGA DEL PRECIO,

UN CAMINO SIN LIBROS.

ÉSTE DÍA ESCRIBÍ UNAS LÍNEAS Y MIENTRAS LAS ESCRIBÍA, UN NUDO
SE ME HACÍA EN LA GARGANTA Y MIS OJOS SE LLENARON DE
LÁGRIMAS, ERA TRISTE MIRAR AQUÉLLOS DOS PEQUEÑOS.
EL MÁS GRANDECITO ERA UN BOLERITO Y EL MÁS PEQUEÑO, SOSTENÍA
UNA CAJITA DE CHICLES EN SUS MANOS.
EL MAS GRANDECITO TENDRÍA ALGUNOS 10 AÑOS Y EL MÁS PEQUEÑO,
TAL VEZ ALGUNOS SEIS AÑOS.
MIENTRAS OTROS NIÑOS DE SU EDAD, ESTARÍAN JUGANDO CON
PELOTAS CARRITOS, TROMPOS O CANICAS.
ÉSTOS NIÑOS LUCHABAN CÓMO ADULTOS, POR GANARSE LA VIDA, NI
CÓMO PENSAR QUE EN SUS CUMPLEAÑOS, PUDIERAN TENER PAYASOS,
GLOBOS Y UN PASTEL.
PARA ESTOS PEQUEÑOS ADULTOS, ERA UN SUEÑO LA NIÑEZ Y TAL VEZ
DE EL CARIÑO DE UN PADRE, O DEL BESO DE UNA MADRE, NO HABÍAN
SABIDO.
QUE DIFÍCIL ES PENSAR, QUE ESTOS NIÑOS, ALGÚN DÍA ACUDIRÍAN A LA
UNIVERSIDAD.
Y NO PORQUE NO QUISIERAN, SINO PORQUE DE ALGUNA MANERA,
ESTOS NIÑOS, CÓMO MUCHOS OTROS SERÍAN, DOS PEQUEÑOS
ADULTOS, QUE EL DESTINO LOS SEPARO, DEL CAMINO LOS LIBROS.

EL MERCADO DE LA VIDA.

TODOS CAMINAMOS DENTRO,

DEL MERCADO DE LA VIDA.

Y PODEMOS PASAR POR LOS PUESTOS,

BUSCANDO Y ESCOJIENDO MERCANCIAS.

QUE CREEMOS QUE SON,

LAS QUE NECESITAREMOS.

Y SI NOS EQUIVOCAMOS,

ALGUNAS NO SE PODRAN REGRESAR.

PERO ALGUNAS OTRAS,

LAS PODRAS CAMBIAR MEJORANDO

LAS QUE HABIAS SELECCIONADO.

ASI ES EN LA VIDA,

 MUCHAS DESICIONES SE PODRAN CAMBIAR,

 PERO ALGUNAS OTRAS YA NO.

Y AUNQUE SE PUDIERAN CAMBIAR,

 JAMAS SE CAMBIARIAN LOS HECHOS.

EL ÚNICO TESORO.

HACE MUCHOS AÑOS, SALÍ DE UNA PEQUEÑA CIUDAD, EN LA CUÁL DEJABA, EL ÚNICO TESORO QUE SE TIENE EN LA VIDA, LA FAMILIA.
SALÍ BUSCANDO, LO QUE NO HABÍA PERDIDO, QUERIENDO ENCONTRAR, LO QUE NO NECESITABA.
BUSQUE AVENTURAS, POR ESCAPAR DE LAS REALIDADES, ME REFUGIE EN LA SOLEDAD, SIN SABER, QUE CON EL TIEMPO, SERÍA CÓMO UNA FILOSA DAGA, QUE ATRAVESARÍA MI CORAZÓN.
Y POR QUERERME ESCONDER DE LOS RECUERDOS, AHORA LOS RECUERDOS ME TIENEN PRISIONERO.
HAN PASADO MUCHOS AÑOS Y ESTOY EN UN PAÍS QUE NO ES EL MIO.
ESTOY SÓLO, EN UNA HABITACIÓN, PELEANDO CON LOS FANTASMAS DE MI PASADO, QUERIENDO REGRESAR EL TIEMPO Y VIVIENDO DE LOS RECUERDOS, AUNQUE ME ACOMPAÑA LA SOLEDAD Y EN OCASIONES LA TRISTEZA, EN MI ALMA NO HAY MALDAD, NI AMARGURA.
MI ALMA, LA HE LLENADO CON AMOR A LA VIDA, MI SOLEDAD, NO OCUPO AHOGARLA EN EL LICOR Y EN MI CUMPLEAÑOS, MI MESA NO ESTÁ
RODEADA DE MI FAMÍLIA Y TAMPOCO HAY PASTEL.
MUCHOS ME CRITICAN, PERO POCOS CONOCEN MI TRISTEZA, FRECUENTEMENTE, ALGUNAS LÁGRIMAS ESCAPAN DE MIS OJOS, AL RECORDAR A MI PADRE,
QUE YA NO ESTARA A MI REGRESO, MI VIEJO MURIÓ Y NO PUDE DARLE EL ÚLTIMO BESO.
AQUÉLLA VIEJECITA QUE TANTO ME ADORABA Y QUE MUCHO ESPERO MI REGRESO, YA NO ESTARÁ Y TAMPOCO PUDE DARLE SU ÚLTIMO BESO.
SE QUE UN DÍA, MI SOLEDAD TERMINARA, POR QUÉ PARTIRE SIGUIENDO AL SOL.
PERO MIENTRAS TANTO, A MIS MAYORES TESOROS, EN MI AUSENCIA, LOS HAN IDO DEPOSITANDO, EN EL BANCO DE LOS RECUERDOS.
Y AHÍ PERMANECERÁN, PORQUE AL FINAL DE MI CAMINO, ELLOS SERÁN, MI ÚNICO TESORO.

UNA MADRE.

DIOS, ES EL UNICO SABIO,

PORQUE, SABIAS FUERON,

TODAS SUS CREACIONES.

CREO LA TIERRA

Y LA POBLO DE SERES,

QUE LOS ASEMEJO DE UNA FORMA,

NACER DE UNA MADRE.

UNA MADRE, ES UN SER MARAVILLOSO.

QUE ES CAPAS DE TODO,

HASTA DE DAR SU VIDA,

POR PROCREAR OTRA VIDA.

GRACIAS A DIOS, POR SU SABIDURIA.

Y GRACIAS A MI MADRE,

POR, HABERME DADO LA VIDA.

EL NIÑO Y EL APARADOR.

FRENTE A UN APARADOR, DE LIMPIOS CRISTALES, ESTABA PARADO AQUÉL NIÑO, QUE AUNQUE ESTABA VESTIDO PULCRAMENTE, SE NOTABA QUE ERA UN NIÑO POBRE.
DENTRO DE AQUÉL APARADOR, SE EXHIBÍAN TODO TIPO DE JUGUETES, ERA UNA JUGUETERÍA, EL NIÑO MIRABA LAS PELOTAS, BICICLETAS, PATINES Y TODO TIPO DE JUGUETES, QUE UN NIÑO PUEDE DESEAR, PERO TAMBIÉN, POR SUS LIMPIOS CRISTALES, SE MIRABA, QUE ERA UNA TIENDA DE JUGUETES CAROS.
ESTABA TAN EMOCIONADO, QUE SIN FIJARSE, RECARGO SUS MANITAS, SOBRE LOS LIMPIOS CRISTALES DE UN APARADOR Y DE INMEDIATO, SALIÓ UN EMPLEADO DE LA TIENDA, QUE GROSERA Y BRUSCAMENTE, TRATABA AL PEQUEÑO, AQUÉL NIÑO ESPANTADO Y LLORANDO SE HECHO A CORRER, HASTA LLEGAR A LA ESQUINA, DÓNDE ESTABA INSTALADO UN PUESTO CALLEJERO, DÓNDE UNA SEÑORA VENDÍA FRUTA.
A LA LLEGADA DEL NIÑO, LA SEÑORA, EMPEZÓ A LEVANTAR EL PUESTO Y LOS DOS CAMINARON, HASTA UN VIEJO BARRIO, A OTRO DÍA, LA SEÑORA, VOLVÍA A INSTALAR SU PUESTO, MIENTRAS QUE EL NIÑO, ACUDÍA A SU CITA CON EL APARADOR, DESDE EL INTERIOR DE LA TIENDA, UN HOMBRE LO OBSERVABA. Y LA SEÑORA DESDE SU PUESTO DE FRUTA, TAMBIÉN VEÍA A SU HIJO, COMO DURABA HORAS Y HORAS, MIRANDO LOS COSTOSOS JUGUETES.
LA SENORA, ERA SOLA Y CON MUCHOS SACRIFICIOS, SACABA AL EL PEQUEÑO ADELANTE, ELLA SUFRÍA EN SILENCIO AL VER A SU PEQUEÑO, QUE NO FALTABA UN SÓLO DÍA, A SU CITA CON EL APARADOR, DESPUÉS DE ALGÚN TIEMPO DE AHORRAR, UNA MAÑANA LA SEÑORA NO ABRIÓ SU PUESTO Y DE LA MANO SE DIRIGIÓ CON SU HIJO, A AQUÉLLA JUGUETERÍAS, EL EMPLEADO AL VERLOS ENTRAR, NO MUY AMABLE INTENTÓ CORRERLOS, PERO EL DUEÑO LO EVITÓ, ERA UN HOMBRE BONDADOSO Y LE PREGUNTO, TU ERES EL NIÑO QUE DIARIO DURA HORAS PARADO FRENTE AL APARADOR VERDAD?.
Y VOLVIÓ A PREGUNTAR, QUE DESEAS?.
LA SEÑORA CONTESTÓ, QUIERO UN JUGUETE PARA MI HIJO, PERO SÓLO TRAIGO ESTO Y SACANDO UN PAÑUELO, LO DEPOSITO SOBRE EL MOSTRADOR, EL DUEÑO, SE DISPUSO A DESATAR EL PAÑUELO Y SOLO TENIA UN PUÑO DE MONEDAS Y UNO QUE OTRO BILLETE Y EL DUEÑO LE DIJO A LA ANCIANA, CON ESE DINERO NO TE ALCANZA PARA NADA Y VOLVIÓ A AMARRAR EL PAÑUELO.
EL PEQUEÑO EMPEZÓ A LLORAR Y EL DUEÑO DE LA TIENDA AL VER LOS OJITOS LLOROSOS, LE DIJO, VEN NO LLORES Y LO LLEVÓ FRENTE A LOS JUGUETES, DICIÉNDOLE, ESCOGE EL QUE QUIERAS, EL NIÑO MIRABA LAS BICICLETAS, PATINES Y DESPUÉS DE ALGUNOS MINUTOS, FINALMENTE SE DECIDIÓ POR UNA PELOTA, AQUÉL HOMBRE BONDADOSO, LE REGRESO EL PAÑUELO CON LAS MONEDAS Y LE REGALÓ LA PELOTA, LA SENORA. LE DIO LAS GRACIAS Y SALIERON DE LA TIENDA, AQUEL HOMBRE BONDADOSO CON UNA SIMPLE PELOTA, HABÍA LOGRA.DO LA FELICIDAD DE EL NIÑO.
Y EL NIÑO, JAMÁS VOLVIÓ A SU CITA, CON EL APARADOR

CIEGO Y SORDO

PORQUE?

CAMINAS EN LA OBSCURIDAD,

FINJIENDO QUE VES TODO.

PORQUE DICES QUE ESCUCHAS?

CUANDO, SOLO PRESTAS ATENCION

A MENTIRAS Y ADULACIONES.

QUE NO SABES QUE VER Y ESCUCHAR,

SOLO, LO QUE TE CONVIENE.

TE CONVIERTE EN UN SER CIEGO Y SORDO.

LA CAJITA DE LA FELICIDAD.

DEPRESIÓN, ES EL ESTADO DE ÁNIMO, DÓNDE LA PERSONA PIERDE EL RUMBO Y EL VALOR A LA VIDA.

POR LO TANTO, SE LE DEBE BRINDAR APOYO Y ASÍ PUEDA REENCONTRARSE CONSIGO MISMO Y BUSQUE EL VALOR DE LA VIDA, EN SU PROPIA ALMA.

DESPUÉS DE ESO, CON SEGURIDAD, MIRARÁ CADA COSA, CON LA IMPORTANCIA, QUE SU ALMA LE DE A LA VIDA.

APRENDERÁ A VALOR HASTA LAS COSAS MÁS INSIGNIFICANTES, COMO ES; EL CANTO DE UN AVE, LAS TIERNAS CARICIAS DEL VIENTO Y DARÁ AMOR, CUÁNDO SE LO GANE CADA SEMEJANTE.

CUÁNDO EL INDIVIDUO LOGRE ESTO, SE DARÁ CUENTA QUE EL SIGNIFICADO DE LA VIDA, NO ES EL HECHO DE VIVIR O MORIR, EL SIGNIFICADO, ES APRENDER A DISFRUTAR LA VIDA.

POR QUÉ LO IMPORTANTE, NO ES, QUE NOS REGALEN LA FELICIDAD. YA QUE LA FELICIDAD, NO LA DEBEMOS BUSCAR EN OTROS CORAZONES.

POR QUÉ, NADIE TIENE LA OBLIGACIÓN DE HACERNOS FELICES YA QUE NO EXISTEN TIENDAS, DÓNDE SE VENDEN CAJITAS DE FELICIDAD Y MENOS RESTAURANTES DÓNDE SIRVEN PLATILLOS DE ALEGRÍA.

Y AUNQUE, EN NUESTRA VIDA, CADA DÍA SE CRUZAN INFINIDAD DE PERSONAS, NOSOTROSTENEMOS LA OPCIÓN DE ESCOGER, A QUIÉN LE COMPRAREMOS NUESTRA CAJITA DE LA FELICIDAD O CON QUIÉN COMPARTIREMOS, EL PLATILLO DE LA ALEGRÍA.

PERDIDOS EN EL OLVIDO.

SU CAMINAR ERA MUY LENTO, SE NOTABA MUY CANSADO, TAL VEZ, NI ÉL MISMO SABÍA QUE RUMBO LLEVABA.

NO HABÍA PROBADO BOCADO ALGUNO Y SE TENDIÓ, SOBRE LA BANCA DE AQUÉL JARDÍN, QUEDÁNDOSE, PROFUNDAMENTE DORMIDO.

YA ERA TARDE, CUÁNDO SINTIÓ QUE ALGUIEN LO MOVÍA, DESPERTANDOLO, ERA UN POLICÍA,

QUE LE PREGUNTABA, NIÑO, QUÉ HACES AQUÍ?.

ACASO NO TIENES EN DÓNDE VIVIR?.

EL CHIQUILLO CONTESTO, NO, VENGO DE LEJOS CAMINANDO Y EN OCASIONES DE AVENTÓN.

Y A DÓNDE TE DIRIGES?. PREGUNTÓ EL POLICÍA Y DICIENDO, DEBO REGRESARTE A TU CASA.

EL NIÑO ANGUSTIADO EXCLAMÓ, NO Y COMENZÓ A LLORAR, Y LE DIJO AL POLICÍA, VENGO HUYENDO DE LA CASA MIS TÍOS.

Y POR QUÉ HUYES DE TUS TÍOS?. PREGUNTÓ EL POLICÍA.

EL CHIQUILLO, CON SUS OJOS LLENOS DE LÁGRIMAS, LE COMENZÓ A CONTAR SU TRISTE HISTORIA.

ERA MUY PEQUEÑO, CUÁNDO MIS PADRES SE FUERON PARA LOS ESTADOS UNIDOS Y ME DEJARON ENCARGADO, CON MIS ABUELOS Y MIS TÍOS.

MIS ABUELOS YA MURIERON Y MIS TÍOS ME TRATAN MUY MAL, NUNCA ME FESTEJARON MI CUMPLEAÑOS, MENOS TUVE PALABRAS DE CARIÑO.

NO HE IDO A LA ESCUELA Y LA ROPA QUE USO, ES LA QUE YA NO LES QUEDA, A MIS PRIMOS.

MIS PADRES HAYA, YA TIENEN OTROS HIJOS Y A MI YA ME OLVIDARON.

Y LIMPIÁNDOSE LAS LÁGRIMAS LE DIJO, POR ESO CAMINO SIN DESTINO Y DUERMO, DONDE ME AGARRA LA NOCHE O ME GANA EL CANSANCIO.

EL POLICÍA NO SUPO QUÉ HACER Y CON LOS OJOS LLENOS DE LÁGRIMAS Y ABRAZÁNDOLO CON CARIÑO LE DIJO.

YO HE DESEADO TANTO UN HIJO Y DIOS NO ME LO CONCEDIÓ Y HAY TANTOS PADRES, QUE DEJAN A SUS HIJOS, PERDIDOS EN EL OLVIDO.

LA MENTIRA DEL ILEGAL.

EN UNOS JACALES DE ESOS DE PIEDRA Y TECHOS DE LÁMINA, DE LOS MUCHOS QUE HAY EN MI TIERRA, REINABA LA FE Y LA ESPERANZA, PERO TAMBIÉN, ESTABAN LLENOS DE POBREZA.
EN UNO DE LOS DERRUIDOS JACALES, HABITABAN DOS VIEJECITOS Y EN EL OTRO, UNA MUJER Y SUS PEQUEÑOS.
TODOS CON MUCHA FE Y AMOR, ESPERABAN EL REGRESO DE AQUÉL HOMBRE, QUE HABÍA PARTIDO DE ILEGAL AL NORTE.
LES DIJO QUE SOLO SERIAN UNOS MESES, PERO ESOS MESES, SE CONVIRTIERON EN AÑOS.
AQUÉL HOMBRE SE HABÍA OLVIDADO DE SU FAMILIA Y SE GASTABA EL DINERO EN DIVERSIONES.
AL PASO DE LOS AÑOS, LOS VIEJOS MURIERON EN LA POBREZA Y TRISTES POR LA DECEPCIÓN Y EL ABANDONO.
LA MUJER AGARRÓ A SUS HIJOS Y PARTIÓ A BUSCARLO, PERO AL CRUZAR LA FRONTERA, NADIE VOLVIÓ A SABER DE ELLOS.
UNA MAÑANA, AQUEL HOMBRE ACOSADO POR LOS RECUERDOS, DECIDIÓ VOLVER AQUÉL RANCHO, DE DÓNDE HABÍA PARTIDO.
AL LLEGAR, SÓLO ENCONTRÓ ALGUNAS PIEDRAS, DE AQUÉLLOS VIEJOS JACALES, AL VERLO LLEGAR, UNOS VECINOS LE INFORMARON, QUE SUS PADRES HABÍAN MUERTO.
EL HOMBRE CORRIÓ AL PANTEÓN Y LE PREGUNTÓ AL ENTERRADOR?. DÓNDE ESTABAN LAS TUMBAS DE SUS PADRES?.
EL ENTERRADOR LE PREGUNTA, DEBERAS TE INTERESA SABER?. PORQUE TU LOS ENTERRASTE, EL DIA QUE LOS ABANDONASTE, ELLOS MURIERON DE TRISTEZA Y ABANDONO.
Y TAMBIÉN VAS A PREGUNTAR POR TU ESPOSA Y POR TUS HIJOS?.
A ELLOS TAMBIÉN LOS ABANDONASTE. DICIÉNDOLES, QUE VOLVERÍAS EN UN AÑO. ESA ES, LA MENTIRA DEL ILEGAL.

EL IDIOMA UNIVERSAL.

MI MEJOR MAESTRO, LA VIDA.

MI MEJOR AMIGO, EL TIEMPO.

HE COMETIDO MUCHOS ERRORES,

PERO TAMBIÉN, HE TENIDO ALGUNOS ACIERTOS.

HE LOGRADO ALGUNOS TRIUNFOS,

PERO, HE TENIDO MÁS DERROTAS.

Y SON DE LAS DERROTAS,

DE LAS QUE MÁS HE APRENDIDO,

POR, EL AMARGO SABOR QUE DEJAN.

HE REÍDO, PERO, TAMBIÉN HE LLORADO.

HE ANDADO POR MUCHOS CAMINOS,

HE CONOCIDO MUCHAS CIUDADES.

HE CONOCIDO ALGUNOS PAÍSES.

PERO, SIEMPRE A DÓNDE HE LLEGADO,

ME HE DADO CUENTA,

QUE LA AMISTAD, ES EL IDIOMA UNIVERSAL.

ENTRE DIOS Y EL DEMONIO.

QUE PUEDE SER MAS GRANDE QUE EL PODER DEL DIVINO, SI DIOS TUVO LA
FUERZA DE PARTIR LOS MARES Y CAMINAR EN MEDIO DE EL Y DESPUES
MORIR PARA VIVIR Y ASI PODER RAINAR, EN TODOS LOS CORAZONES, POR
LOS SIGLOS DE LOS SIGLOS.
QUE PUEDE SER MAS FUERTE, QUE PUEDA OCASIONAR, LO QUE MUCHOS NO
MIRAMOS, PERO SI SENTIMOS, ESO, SE LLAMA FE.
FE EN UN SOLO DIOS, QUE NOS ENSENO EL AMOR A NUESTROS SEMEJANTES.
UN REY, QUE NUNCA NECESITO UN PALACIO, LLENOS DE LUJOS NI RIQUEZAS.
MUCHOS MENOS, QUE LE LABRARAN UN TRONO DE EXOTICAS MADERAS.
Y QUE ACAMBIO DE SU BONDAD Y AMOR A SU SEMEJANTE, EN VEZ DE
PREMIARLO CON UNA CORONA DE ORO, ADORNADA DE DIAMANTESY
ESMERALDAS, CRUELMENTE FUE CORONADO CON UNA BURDA
CORONA DE ESPINAS.
LAS CUALES LACERARON SU FRENTE EMANANDO GOTAS DE SANGRE Y
AUN ASI LLENO DE AMOR Y BONDAD A SUS SEMEJANTES BALBUCEO,
DICIENDO PERDONALOS PADRE MIO.
Y DESPUES DE SER AZOTADOS Y CRUELMENTE CLAVADO EN LA CRUZ,
LE ARRANCARON LA VIDA.
Y DESDE LA DERECHA DE PADRE AUN MANTIENE UNA BATALLA
CONSTANTE CONTRA EL ANGEL QUE FUE EXPULSADO DEL CIELO, POR
RENEGAR DE SU DOCTRINA.
EL CUAL ARMO UN EJERCITO DE DEMONIOS Y CON SUS HUESTES
MALIGNAS, SE APODERA DE LAS ALMAS QUE EQUIVOCAN SU CAMINO
EN LA TIERRA.
PERO TANTO, LOS CIEGOS, MUDOS Y COJOS, COMO TAMBIEN
AQUELLOS QUE MANTIENEN Y LOS QUE RECOBRAN LA FE EN DIOS,
VERAN, HABLARAN Y CAMINARAN, HASTA EL REINO DE LOS CIELOS.

SIN CORAZÓN

NO ESPERES A TENER CARENCIA,

 PARA VALORAR LAS COSAS QUE DESPERDICIAS.

NI TAMPOCO.

 ESPERES QUE ALGUIEN PIDA AUXILIO A GRITOS.

CUANDO TU PUEDES AYUDARLO.

PORQUE,

 ES MAS RICO EL QUE TIENE INTENCION,

PERO NO TIENE QUE REGALAR.

QUE EL QUE TIENE QUE REGALAR,

PERO, NO TIENE CORAZÓN PARA ASERLO.

EL ZAPATERO Y LA VIEJITA.

AL PUESTO DE UN ZAPATERO, LLEGÓ UNA VIEJECITA Y LE PREGUNTO, QUE SI PODÍA REPARAR, SUS MUY GASTADOS ZAPATOS.
EL ZAPATERO CONTESTÓ, YA TE LOS HE REPARADO VARIAS VECES Y CADA VEZ, SE ME HACE MÁS DIFÍCIL REPARARLOS.
EN ÉSO, UN LUJOSO AUTOMÓVIL, SE ESTACIONÓ FRENTE AL PUESTO DEL ZAPATERO Y DE ÉL, DESCENDIÓ UNA PAREJA DE JOVENCITOS.
LA MUCHACHA DE MANERA MUY ALTIVA SE DIRIGIÓ AL VIEJO ZAPATERO, GRITÁNDOLE, QUE SI YA LE TENÍA LISTOS SUS ZAPATOS.
EL ZAPATERO LE RESPONDIÓ, QUE LE PERMITIERA UNOS MINUTOS, PARA TERMINAR DE ATENDER A SU CLIENTA.
LA JOVEN, MOLESTA LE GRITÓ AL ZAPATERO, NO CREO QUE SEAN MÁS IMPORTANTES, ESO ZAPATOS VIEJOS, QUE LOS MÍOS.
EL ZAPATERO YA MOLESTO CONTESTÓ, PARA MÍ SON IGUAL DE IMPORTANTES,
PORQUE YO REPARO ZAPATOS, NUEVOS O VIEJOS.
AL TERMINAR DE DECIR ESTO, VOLTEÓ A MIRAR A LA VIEJITA.
LA CUÁL CON LOS OJOS RASADOS POR EL LLANTO, SE DIRIGIÓ A LA JOVEN DICIÉNDOLE, YO TRAIGO ESTOS ZAPATOS VIEJOS Y DESGASTADOS, POR QUÉ NUNCA QUISE COMPRARME UNOS NUEVOS.
POR QUÉ PREFERÍA AHORRAR DINERO, PARA QUE TU PADRE FUERA UN PROFESIONISTA Y AHORA ÉL Y USTEDES SE AVERGÜENZAN DE MÍ Y FINGEN NO CONOCERME.
Y LES DIJO, TAL VEZ YO VENDRÉ A REPARAR UNA O DOS VECES MÁS, MIS VIEJOS ZAPATOS.
Y CAMINANDO LENTAMENTE YA SE RETIRABA DEL PUESTO, CUANDO VOLTEO Y LES PREGUNTO.
PERO USTEDES, ALGÚN DÍA, PODRÁN REPARAR SU CONSCIENCIA?.

NO VALE LA PENA.

SI EN EL LARGO PEREGRINAR DE TU VIDA,

POR DONDE VAS CAMINANDO, ENCUENTRAS BASURA.

SI NO LA PUEDES RECOGER, NO LA PATEES,

 NO PIERDAS TU TIEMPO.

PORQUE, ES DARLE IMPORTANCIA A ALGO INUTIL

Y QUE NO VALE LA PENA.

EL ÚLTIMO VAGÓN.

NO SE CUÁNDO, PARTIRÁ MI TREN, TAMPOCO SE,
SI VIAJARE EN EL PRIMERO O EN EL ÚLTIMO VAGÓN,
SI ES QUE EXISTIESEN, DIFERENTES CLASES.
SIMPLEMENTE SE, QUE ALGÚN DÍA SALDRÉ A ESE LARGO VIAJE,
A ÉSE VIAJE, DEL QUE NUNCA SE REGRESA.
MUCHO TIEMPO ME DEDIQUE A EMPACAR COSAS EN MI MALETA.
SIN DARME CUENTA, QUE MI VIAJE DE SALIDA, NO INCLUYE EQUIPAJE.
HOY, YA CANSADO DE EMPACAR, LO QUE FINALMENTE, NUNCA CUPO
EN MI MALETA, COMPRENDÍ, QUE LO MÁS IMPORTANTE DE LA VIDA, NO
SE PUEDE EMPACAR.
HOY ME PREGUNTO, CUÁNTAS LÁGRIMAS DEJÉ OLVIDADAS, EN EL
TIEMPO.
TAMBIÉN QUISIERA SABER, CUÁNTAS SONRISAS OLVIDE GUARDAR, EN
MI CORAZÓN.
PORQUÉ SIEMPRE, RECORDÉ MÁS TIEMPO LAS TRISTEZAS, QUE LAS
ALEGRÍAS Y PORQUE SE ME HACÍA MÁS FÁCIL GUARDAR RENCOR, QUE
CULTIVAR AMOR.
HOY QUISIERA PEDIRLE PERDÓN AL TIEMPO, PERO EL TIEMPO, ES EL
ÚNICO QUE NO PERDONA.
YO NO ENTENDÍA, QUE NO DEBEMOS INTENTAR EMPACAR, EN NUESTRA
MALETA, EL PESO DE LAS MONEDAS Y LOS RENCORES, PORQUE LA
ÚNICA MALETA QUE NOS LLEVAREMOS, ES NUESTRA ALMA Y EN ELLA,
SÓLO PODREMOS LLEVAR LOS RECUERDOS.
ASÍ QUE DESDE AHORA, EMPEZARÉ A DESCARGAR MI ALMA.
EMPEZARÉ A CULTIVAR AMOR, BORRANDO TODOS LOS RENCORES.
MI ALMA LA LLENARE EMPACANDO TODOS MIS HERMOSOS RECUERDOS
Y AUNQUE ME DEMORE, LUCHARÉ POR QUÉ MIS TRISTEZAS, SE
QUEDEN FUERA DE MI MALETA Y HUMILDEMENTE ESPERARE, EL DIA DE
MI ÚLTIMO VIAJE.
Y NO ME IMPORTA SI ME TOCA VIAJAR, EN EL ÚLTIMO VAGÓN.

DESOLADO Y TRISTE.

POR EL CAMINO QUE PASES.

PROCURA IR SEMBRANDO,

SEMILLAS DE FRUTOS Y FLORES.

PARA QUE A TU REGRESO,

DISFRUTES DE ARBOLES SOMBROSOS.

CON MUCHOS FRUTOS,

 Y UN PAISAJE LLENO DE HERMOSAS FLORES.

PORQUE SI NO SIEMBRAS NADA.

DE REGRESO SOLO ENCONTRARAS,

UN PARAJE DESOLADO Y TRISTE.

EL LLANTO DE LA TIERRA.

HOY LA MADRE NATURALEZA LLORA, LLORA, POR TANTO TIEMPO QUE SOPORTÓ EL CRUEL ASEDIO DE LA LLAMADA CIVILIZACIÓN.
SE CANSO DE DAR AMOR A PERSONAS SUMIDAS EN LA IGNORANCIA Y SIN ESCRÚPULOS, CON FALSOS CREDOS Y RELIGIONES Y QUE BURDAMENTE SE HACEN LLAMAR, POTENTADOS O GRANDES CAPITALES, PERO REALMENTE SON MUY POBRES DE ALMA.
Y QUE A SU PASO, SÓLO LES IMPORTABA LA RIQUEZA MATERIAL, SIN IMPORTAR EL DAÑO QUE OCASIONAN AL ECOSISTEMA.
LAS GRANDES POTENCIAS Y GRANDES ECONOMÍAS, JAMÁS SE DETUVIERON EN SU AMBICIÓN.
AHORA, EL MUNDO PIDE ORACIONES, PERO ME PREGUNTO, REALMENTE LAS PERSONAS QUEREMOS A EL MUNDO Ó SIEMPRE POR INTERESES PERSONALES O MEZQUINOS, DESTRUIMOS BRUTALMENTE LA FLORA Y FAUNA.
LA LLAMADA CIVILIZACIÓN EN SU AFÁN DE AVANCE, DESTRUYE LO VERDADERAMENTE IMPORTANTE, LO QUE PARA REGENERARSE TARDARÁ MILES DE AÑOS.
 Y ESTOY SEGURO, QUE NUESTRO PLANETA NO SOPORTARÁ MUCHO TIEMPO A LA RAZA HUMANA, LA CUÁL SE AUTONOMBRA CIVILIZACIÓN.
EL SER HUMANO DEJÓ DE SER HOMOSAPIEN, PARA CONVERTIRSE EN HOMBRE CIVILIZADO, QUE SÓLO BUSCA LA AUTODESTRUCCIÓN.
Y LA CIENCIA Y TECNOLOGÍA AVANZAN A PASOS AGIGANTADOS, PARA TERMINAR CON EL GLOBO TERRÁQUEO, TERMINAR, CON EL HÁBITAT DE RICOS Y POBRES.
AHORA ME PREGUNTÓ, QUE HARÁN LAS GRANDES ECONOMÍAS, QUE SOLUCIÓN BUSCARÁN LAS GRANDES POTENCIAS, PARA CALMAR, EL LLANTO DE LA TIERRA.

DIOS TE ESTA MIRANDO.

NO LE DIGAS A LA GENTE QUE HAS DE IR A MISA,

PARA QUE QUIERES QUE TODO MUNDO DIGA,

QUE ERES UN BUEN CRISTIANO.

PARA QUE?.

MEJOR, SI MIRAS A UN CIEGO CRUZAR UNA CALLE AYUDALO.

DIOS TE ESTA MIRANDO.

SI MIRAS A UN ANCIANO PEDIR LIMOSNA, DALE.

DIOS TE ESTA MIRANDO,

SI MIRAS A UN NINO DESCALZO Y ANDRAJOSO,

CALZALO Y VISTELO,

DIOS TE ESTA MIRANDO.

A FINAL DE CUENTAS QUE IMPORTA,

LO QUE LA GENTE DIGA.

SABES, QUIEN TE HA DE JUZGAR?.

EL CÓMPLICE DEL TIEMPO.

YO PUDIERA RAYAR MIL HOJAS, TRATANDO DE EXPLICAR ÉSTA VIDA
QUE HE LLEVADO SIN SENTIDO.
DÓNDE PUDE MIRAR COSAS HERMOSAS, PERO, MI VIDA RUTINARIA Y
LLENA DE
PROBLEMAS, ME HIZO MIRAR LO HERMOSO CÓMO ORDINARIO.
SIN DARME CUENTA, QUE A MI PASO, IBA DEJANDO MÁS TRISTEZAS QUE
ALEGRÍAS.
CUÁNTOS DESVELOS Y SUFRIMIENTOS LE OCASIONE, A ESA HERMOSA
VIEJECITA, QUE DE PEQUEÑO VELO MI CUNA, CADA NOCHE QUE
ESTUVE ENFERMÓ.
EL PASAR DE LOS AÑOS, ME HIZO CREER QUE HABÍA CRECIDO, PERO
NO, AHORA EL SUFRIMIENTO DE MI MADRECITA, ERA DOBLE.
YO LE SEGUÍA ROBANDO EL SUEÑO, PORQUE, SENTADA O RECARGADA
AL PIÉ DE AQUÉL PORTÓN.
MI MADRE CADA NOCHE, ESPERABA LA LLEGADA DE AQUEL HIJO, QUE
ALGUNAS VECES, LLEGABA HASTA MUY ENTRADA LA MADRUGADA.
Y SÓLO AL VERME LLEGAR, ELLA PODÍA CONCILIAR EL SUEÑO Y ASÍ FUE
CÓMO ME CONVERTÍ, EN CÓMPLICE DEL TIEMPO, PARA QUE MI
MADRECITA SE LLENARA DE ARRUGAS Y DE CANAS SU CABELLO.
Y A PESAR DE HABERLE CAUSADO, MÁS TRISTEZAS QUE ALEGRÍAS, MI
MADRE NUNCA ME A REPROCHADO, EL HABER SIDO, CÓMPLICE DEL
TIEMPO.

EL NIÑO DE LOS ZAPATOS ROTOS.

ERA UN PEQUEÑO DE CARITA SONRIENTE, QUE CAMINABAN ENTRE LA
MUCHEDUMBRE, EN SU HOMBRO, CARGABA UN CAJA DE DAR LUSTRE Y
CON SU MANO, JUGABA CON UN YOYO.
EL CAMINABA SIN UN DESTINO FIJO, BUSCANDO A QUIEN LUSTRARLE
LOS ZAPATOS, DE PRONTO, SE DETUVO FRENTE A UNA LUJOSA TIENDA,
DONDE VENDÍAN ACCESORIOS PARA DAMA Y FIJAMENTE, SE LE QUEDÓ
MIRANDO A AQUELLA ELEGANTE SEÑORA.
LA CUAL SOSTENÍA DE LA MANO, A UN NIÑO, MÁS O MENOS DE LA
MISMA EDAD DEL PEQUEÑO BOLERITO.
AQUEL NIÑO, BIEN VESTIDO Y CON ZAPATOS NUEVOS, SONRIENDO, SE
LE ACERCÓ AL BOLERITO, AL MIRAR QUE JUGABA CON EL YOYO.
EL NIÑO SE AGACHÓ Y SE QUITÓ LOS ZAPATOS Y CON ELLOS EN LA
MANO, LE DIJO AL BOLERITO QUE SE LOS CAMBIABA POR EL YOYO.
LA MADRE DEL NIÑO, SOLO SE QUEDO MIRANDO, PORQUE EL PEQUEÑO
BOLERITO NO ACEPTO LOS ZAPATOS, PERO SI LE REGALO SU YOYO.
Y CON SU CARITA SONRIENTE Y SILVANDO, EL PEQUEÑO BOLERITO,
SIGUIÓ CAMINANDO CON SUS ZAPATOS ROTOS.

EL CURA, EL CANTINERO Y EL BORRACHO.

DOS PEQUEÑOS ESTABAN SENTADOS AFUERA DE UNA CANTINA, MIENTRAS QUE DENTRO, UNO HOMBRE NO MAL VESTIDO, PERO TODO VESTIDO DE NEGRO, ESTABA SENTADO, FRENTE A LA BARRA DE LA CANTINA.
EL ALCOHOL, YA HABÍA CAUSADO ESTRAGOS EN SU CUERPO Y YA MUY BORRACHO, LE EXIGÍA AL CANTINERO QUE LE SIRVIERA MÁS BEBIDA, EL CANTINERO EXTRAÑAMENTE LO IGNORABA, ENTONCES, EL BORRACHO, LE GRITÓ AL MESERO, QUE LE LLEVARÁ MÁS TEQUILA, QUE SE LA PAGABA A COMO QUISIERA.
EL CANTINERO LE DIJO, YA NO LE SIRVAS, EL MESERO LE PREGUNTO, PORQUE? SI AQUÍ VENDEMOS VINO, EL CANTINERO CONTESTÓ.
POR QUÉ EL ES MI AMIGO Y QUIERE MORIRSE, EL MESERO LE DIJO, POR QUÉ SI TIENE DINERO QUIERE MORIRSE?.
EL CANTINERO, DE MALA GANA CONTESTÓ, MIENTRAS MIRABA, QUE UN CURA, SE PARABA FRENTE A LAS PUERTAS DE LA CANTINA Y LE DIJO ASÍ AL MESERO, PORQUÉ SU ESPOSA SE HA IDO, LO A DEJADO.
EL MESERO SONRIENDO MALICIOSAMENTE, SE LA QUEDÓ MIRANDO A AQUEL HOMBRE, EN ESO, LAS PUERTAS DE LA CANTINA SE ABRIERON Y EL CURA, ENTRÓ CON UN PEQUEÑO EN CADA MANO Y SE DIRIGIÓ AL BORRACHO, PREGUNTANDO, ACASO NO QUIERES A TUS HIJOS?.
ENTRE LLANTO AQUEL HOMBRE CONTESTÓ, PORQUE AMO A MIS HIJOS Y ADORABA A MI ESPOSA, TRABAJE PARA DARLES RIQUEZAS, PERO AHORA QUE MI ESPOSA A MUERTO, PARA QUÉ QUIERO LA RIQUEZA SI LO MAS IMPORTANTE NUNCA SE LO DI, NUNCA TUVE TIEMPO, PARA DECIRLE, LO MUCHO QUE LA AMABA Y QUE ERA EL PILAR MÁS IMPORTANTE DE MI HOGAR Y DICIENDO ESTO, SE AGACHÓ Y ABRAZÓ A SUS DOS PEQUEÑOS Y TRASTABILLANDO,
CAMINO HACIA LA PUERTA AYUDADO POR EL CURA Y SE HIZO LA PROMESA, DE CAMBIAR TODO EL DINERO, POR EL TIEMPO Y LA SONRISA DE SUS HIJOS.

EL CIEGO Y EL VENDEDOR DE COLORES.

ERAN UN ANCIANO Y UN NIÑO, PARADOS A LAS PUERTAS DE AQUEL BANCO MIENTRAS QUE AQUEL CIEGO, PEDIA LIMOSNA, EL PEQUENO VENDIA COLORES.

CON SU OÍDO, ELCIEGO TRATABA DEDISTINGUIR EL VALOR DE LA MONEDA, POR EL RUIDO Y CON SU TACTO LO COMPROBARÁ, AQUEL PEQUEÑO DE ESCASOS 10 AÑOS, LES DABA A LOS TRANSEÚNTES UNA LECCIÓN DE MADUREZ Y BONDAD.

EN SU PROPAGANDA PARA VENDER SUS COLORES, LES DECÍA, LLEVEN SUS COLORES PARA QUE PINTEN DE COLORES SU VIDA, CASI TODOS MURMURANDO LO IGNORABAN, PERO ALGUIEN LE PREGUNTO, PORQUE PARA DAR COLOR A LA VIDA?.

EL NIÑO SONRIENDO CONTESTÓ, LOS QUE PUEDEN VER, NO APRECIAN LOS COLORES, NI LA BELLEZA DE SU INTERIOR.

PORQUE VIVEN EN UN MUNDO, LLENO DE PREOCUPACIONES, DONDE SOLO MIRAN LOS COLORES BLANCO Y NEGRO.

EL CIEGO EXCLAMÓ, SI VIERAN QUE HERMOSA ES LA VIDA Y LA PERSONA QUE HABÍA PREGUNTADO SE DIO LA VUELTA CON SUS OJOS RASADOS DE LÁGRIMAS, POR ESA LECCIÓN DE AMOR A LA VIDA, DEL VENDEDOR DE COLORES Y EL CIEGO.

EL LIMOSNERO Y LA TUMBA ABANDONADA.

PARADO FRENTE A LA PUERTA DE AQUEL BANCO, SE ENCONTRABA
AQUEL HOMBRE YA ENVEJECIDO, EN SU ROSTRO, SE HABÍAN MARCADO
LAS HUELLAS QUE DEJA EL TIEMPO.
ESE HOMBRE JOVEN Y FUERTE, QUE MUCHOS AÑOS ATRÁS, FUERA EL
PILAR DE UN HOGAR, AHORA ERA ESE ANCIANO, QUE VIVÍA DE LA
CARIDAD.
Y AQUÉL HOGAR DONDE HUBO UNA ESPOSA E HIJOS YA SOLO ERA UN
VIEJO RECUERDO.
LA ESPOSA YA HABÍA MUERTO Y YACÍA EN UNA TUMBA OLVIDADA, QUE
DE VEZ EN CUANDO, AQUEL VIEJITO LA VISITABA.
DE LOS HIJOS MEJOR NO LES CUENTO NADA.
EL TIEMPO ERA INEXORABLE Y NO PERDONA Y AHORA EL VIEJITO,
TAMBIEN PARTÍA A SU ÚLTIMO VIAJE, HABÍA MUERTO Y LOS HIJOS
DEJARON, DOS TUMBAS ABANDONADAS.

EL BANQUERO LOCO.

UN HOMBRE BRILLANTE, GENIO EN MATEMÁTICAS FINANCIERAS, ELEGANTE Y MUY EDUCADO.
GERENTE GENERAL EN UNA INSTITUCIÓN BANCARIA, TERMINO CAMINANDO, COMO EL CLÁSICO VAGABUNDO, POR DISFRUTAR DE UNA AVENTURA DE OFICINA.
MIENTRAS ÉL CAMBIABA LA TRANQUILIDAD DE SU HOGAR AL ENGAÑAR A SU ESPOSA POR EL DESEO Y EL PLACER.
AQUELLA JOVEN MUJER TERMINABA CON EL GENIO, AL DARLE UN BREBAJE QUE LO INDUCÍRIA A LA LOCURA, DEJÁNDOLO PERDIDO EN UN MUNDO IRREAL, Y VIVIENDO, DENTRO DE SUS PROPIAS FANTASÍAS.
Y NO SOLO EL SUFRÍA ESE DAÑO, TAMBIÉN DESTRUÍA A SU FAMILIA QUE FIELMENTE Y POR AMOR SUFRÍAN AL ANDARLO BUSCANDO DIA A DIA EN SUS LARGAS CAMINATAS.
 Y AQUEL GENIO, EN SUS DÍAS LÚCIDO SE ARREPENTIA Y MALDECÍA AQUEL ARREBATO DE PLACER, POR EL CUAL PERDIÓ SU FRUCTÍFERA VIDA.
Y POR UNA FANTASÍA DE AMOR, TERMINÓ SIENDO, EL BANQUERO LOCO.

EL LIBRO DE LA VIDA.

ESTABA SENTADO FRENTE A LOS ANAQUELES DE UNA BIBLIOTECA, DONDE HABÍA TANTOS LIBROS QUE NO SABÍA NI CUAL EMPEZAR A LEER.

Y AL MIRARME INDECISO, SE ACERCA EL BIBLIOTECARIO, EL CUAL YA ERA UN ANCIANITO. Y ME PREGUNTO, SOBRE QUE QUERÍA LEER Y YO LE RESPONDÍ, QUE CÓMO PODRÍA SABER MÁS DE LA VIDA.

Y EL SONRIENDO ME CONTESTÓ, MÁS APRENDE LA PERSONA QUE DE SU VIDA QUIERE BORRAR LA IGNORANCIA Y QUE EN EL LIBRO DE SU ALMA NO TIENE ESCRITA LA PALABRA ARROGANCIA Y QUE DE EL SER MÁS SENCILLO, ACEPTA LA ENSEÑANZA.

PORQUE EL SER HUMILDE ESCUCHA Y APRENDE QUE LA SABIDURÍA EN LA VIDA, NO LA DA UNA BIBLIOTECA O UN LIBRO, PORQUE EL PAPEL DE UN LIBRO ENSEÑA, PERO MUCHAS VECES NO SE APRENDE.

Y EL LIBRO DE LA VIDA ES UN LIBRO SIN PAPEL, TE OBLIGA A QUE APRENDAS SIN LEER Y ES EL ÚNICO, QUE TE DA LA VERDADERA SABIDURÍA.

MILLONARIO DE CORAZÓN.

SENTADO EN LA ORILLA DE AQUELLA FUENTE, UBICADA EN MEDIO DE UN JARDÍN, MIRÉ CAMINAR AQUEL MENDIGO Y SU ANDAR ERA MUY LENTO Y EN UNOS ZAPATOS ROTOS.
CAMINABA BARRIENDO CON SU MIRADA EL ÁRIDO CAMINO DE LA POBREZA, QUE ES POR DONDE CAMINA EL NOBLE CORAZÓN DE UN SER HUMILDE, IGNORADO EN LOS ESCAÑOS DE LA RIQUEZA Y NO MENOS MALTRATADO POR LOS DÉSPOTAS Y SOBERBIOS.
ASÍ ES LA FORMA DE VIDA, DE UN SER HUMILDE QUE LA VIDA LO ACOSTUMBRO A CAMINAR CON LA CABEZA AGACHADA.
DESEOSO DE ENCONTRAR EN SU CAMINO UNA MONEDA, CON LA CUAL COMPRAR, UN PAN O UNA TORTILLA, PARA COMPARTIR SOBRE UNA MESA, ALREDEDOR DE LA CUAL SOBRA EL HAMBRE Y FALTA LA COMIDA. Y CADA SILLA, ES EL HOSPEDAJE DE LA NECESIDAD, SOBRE LA CUAL SE SIENTE UN POBRE DE DINERO, PERO CASI SIEMPRE, UN MILLONARIO DE CORAZÓN.

DE HUARACHES Y SOMBRERO.

EN UN RANCHITO COMO HAY MUCHOS, RETIRADO DE LAS GRANDES
CIUDADES, UNOS ADOLESCENTES MIENTRAS ARREABAN GANADO,
PLATICABAN DE SUS DESEOS.
UNO DE ELLOS, TENÍA LA INQUIETUD DE ESTUDIAR Y EL OTRO LE
ACONSEJÓ, QUE SE LO COMUNICARA A SU PADRE.
SU PADRE, ERA UN RANCHERO HUMILDE DE HUARACHE Y SOMBRERO,
CUANDO EL HIJO LE CONTÓ SUS DESEOS, EL RANCHERO CON UNA
GRAN SONRISA Y LLENO DE JÚBILO, LO APOYÓ, EL JOVEN INICIÓ UNA
NUEVA VIDA, COMO ESTUDIANTE EN MEDICINA Y PRONTO SE OLVIDÓ
DE SU HUMILDE ORIGEN, JAMÁS VOLVIÓ AYUDAR A SU PADRE EN LAS
LABORES DEL RANCHITO, SÓLO LO VISITABA, PARA PEDIRLE DINERO,
TRANSCURRIERON LOS AÑOS Y EL JOVEN VIVÍA ENVUELTO EN LA
MENTIRA, TAL VEZ A SUS COMPAÑEROS LES CONTABA DE RIQUEZAS,
MIENTRAS QUE EN UNA CASA MUY HUMILDE UN PAR DE VIEJOS
REZABAN, PARA QUE EL JOVEN, TERMINARA SU CARRERA.
FINALMENTE, EL JOVEN RECIBIRÍA SU TÍTULO DE DOCTOR Y SE DIRIGIÓ
AL PEQUEÑO RANCHO Y LE DIJO A SU PADRE, VOY A TITULARME Y
NECESITO DINERO, EL RANCHERO VENDIÓ CASI TODO LO QUE LE
QUEDABA, PARA DARLE EL DINERO A SU HIJO, EL ESTUDIANTE SE
DESPIDE, SIN DECIR LA FECHA DE SU GRADUACIÓN, PASARON
ALGUNOS DÍAS Y UN VECINO LE PREGUNTA AL RANCHERO, NO IRÁS A
LA FIESTA DE GRADUACIÓN DE TU HIJO?.
CLARO, SOLO ESPERO QUE MI HIJO ME DIGA LA FECHA, EL VECINO LE
DIJO, PUES YA ES PASADO MAÑANA, EL RANCHERO CONTESTÓ, LE
DAREMOS UNA GRAN SORPRESA, EL NO ESPERA NUESTRA LLEGADA.
EL HUMILDE RANCHERO, SE CALZÓ SUS MEJORES HUARACHES Y SU
ÚNICO SOMBRERO Y SU ESPOSA VESTÍA SUS MEJORES ROPAS Y LOS
DOS FELICES PARTIERON A DARLE LA SORPRESA A SU HIJO.
Y VAYA QUE SORPRESA, CUANDO TODOS GRITABAN LLENOS DE JÚBILO
AL RECIBIR SU TÍTULO, LOS HUMILDES RANCHEROS CORRIERON
FELICES A ABRAZAR A SU HIJO, EL DOCTOR, NO SUPO QUÉ HACER Y
UNOS COMPAÑEROS LE PREGUNTARON, QUIÉNES SON ÉSTOS
SEÑORES?.
Y EL DOCTOR CONTESTÓ, SON LOS TRABAJADORES DE MI PADRE, AL
ESCUCHAR ESTO LOS HUMILDES RANCHEROS, CAMBIARON SUS
LAGRIMAS DE ALEGRIA POR LÁGRIMAS DE DOLOR Y SOLO PUDIERON
BALBUCEAR, TU PADRE TE MANDA FELICITAR.
Y SE QUEDARON CON GANAS DE DARLE UN BESO A SU HIJO Y
CUBRIENDO SUS LÁGRIMAS CON EL SOMBRERO Y EL CORAZÓN
DESTROZADO, LOS DOS VIEJOS REGRESARON, A LO QUE QUEDABA, DE
SU PEQUEÑO RANCHITO.

NADIE ENGAÑA A DIOS.

EN LA CALLE,

MIENTES Y ENGAÑAS A INCAUTOS

 Y A PERSONAS DE BUEN CORAZON.

CON PALABRAS Y ACCIONES LLENAS DE HIPOCRESIA.

Y DESPUES,

VAS A ESCONDERTE EN LA CASA DE DIOS,

DANDOTE GOLPES DE PECHO.

PARA QUE DIOS PERDONE, TUS MALAS ACCIONES.

ESO ES HIPOCRESIA Y FALSEDAD,

TE BURLARAS DE LA GENTE.

PERO CREES, QUE ENGAÑARAS A DIOS?.

LA VECINDAD.

EN UNA CALLE POLVORIENTA Y TRAS UNAS PUERTAS DERRUIDAS, SE
ENCONTRABA UNA VIEJA VECINDAD, DONDE SE MIRABA QUE HABITABA
LA POBREZA Y REINABA LA NECESIDAD, PERO SOLO DE DINERO, QUE
ES UN MAL DE MUCHOS.
TODOS SUS HABITANTES SE PREPARABAN PARA LA NOCHE BUENA, LOS
TENDEDEROS DEL PATIO HABÍAN DESAPARECIDO, AHORA PENDÍA SOLO
UN CABLE DE LADO A LADO DE LAS VIVIENDAS, DONDE COLGABA UNA
GRAN PIÑATA.
DE EL INTERIOR DE LAS DERRUIDAS CHOZAS DE PINTORESCOS
COLORES, EMANABA EL OLOR DE LOS DIFERENTES PLATILLOS, EN EL
PATIO SE MIRABA EL VAIVÉN DE LAS PERSONAS POR LOS
PREPARATIVOS, CASI TODOS VESTÍAN, SUS MEJORES GALAS.
POR FIN DIO INICIÓ LA FIESTA, HABÍA UNA GRAN ALEGRÍA, MESAS
LLENAS DE PLATILLOS CON COMIDA Y LA MÚSICA LLENABA EL
CORAZÓN DE GOZO.
TODOS DISFRUTABAN, REÍAN Y BAILABAN, LLEGÓ EL MOMENTO DE
QUEBRAR LAS PIÑATAS AL RITMO DE DALE, DALE, DEPRONTO UN NIÑO
NOTO, QUE EN UNA ESQUINA OSCURA DE LA VECINDAD, ESTABAN UNA
SEÑORA CON SUS DOS PEQUEÑOS, EL NIÑO CURIOSO SE LES ACERCÓ
Y LES PREGUNTO, PORQUE NO TIENEN COMIDA Y NO DISFRUTAN DE LA
FIESTA?.
EL OTRO NIÑO CONTESTÓ, MI PADRE FUE A VER SI VENDÍA UNA
MEDALLITA, PARA COMPRARNOS REGALOS Y COMIDA.
EN ESO LLEGÓ UN HOMBRE Y CON UNA GRAN TRISTEZA LES DIJO, NO
PUDE VENDER LA MEDALLA, POR LO TANTO, NO LES TRAJE REGALOS NI
COMIDA.
LOS NIÑOS EMPEZARON A LLORAR, TENÍAN HAMBRE, AL ESCUCHAR
ESTO EL PEQUEÑO CURIOSO CORRIÓ Y SE LO CONTÓ A GRITOS A SU
MADRE.
MUCHOS ESCUCHARON Y VOLTEARON A VER AQUELLA FAMILIA, QUE YA
SE DIRIGÍA A SU VIEJO APARTAMENTO Y ALGUIEN LES GRITÓ QUE SE
ESPERARAN.
EL NIÑO CURIOSO LLEGÓ Y JALO A LOS NIÑOS INVITÁNDOLOS A COMER
Y LE PREGUNTÓ A SU MAMÁ, VERDAD QUE DEBEMOS SER
BONDADOSOS?.
LA MAMA CONTESTO, SI MI HIJO Y MÁS EN ESTOS DÍAS!.
EL HOMBRE APENADO DIJO, QUISE VENDER ESTA MEDALLITA, QUE ES
UN RECUERDO DE MI MADRE, PERO NADIE ME LA COMPRO.
UN HOMBRE DIJO, GUARDE SU MEDALLITA, YO TUVE QUE VENDER LA
MIA, QUE TAMBIEN ERA RECUERDO DE MI MADRE Y AUN ME DUELE.
MEJOR VENGASE A CENAR, QUE ES NOCHE BUENA, LO ABRAZÓ Y LE
DIJO FELIZ NAVIDAD Y LOS NIÑOS CORRIERON A QUEBRAR LA PIÑATA.

JUGAR A SER DIOS.

TU QUIEN ERES?.

PORQUE ME JUSGAS?.

ACASO ERES DIOS?.

PORQUE ME PRIVAS DE MI LIBERTAD?.

PORQUE DISPONES DE MI VIDA?.

TU CREES QUE ESTAS LIBRE DE PECADO?.

COMO PUEDES JUGAR A SER DIOS!.

SI TAN SOLO ERES UN PECADOR IGUAL QUE YO.

SOLO TE PIDO, NO SEAS INJUSTO EN TU SENTENCIA.

PORQUE PARA TI,

LA SENTENCIA SERA MAS DURA.

POR QUERER JUGAR A SER DIOS.

MALDITA CUERDA.

HORRIBLE DEPRESIÓN, QUE DOLOR TAN GRANDE LE DEJO A MI MADRE
Y QUE RECUERDO TAN TRISTE AUN TENGO EN MI MEMORIA.
AUNQUE HAN PASADO MUCHOS AÑOS, CON FRECUENCIA AUN
RECUERDO A ESE JOVENCITO, QUE SE SUMIÓ EN LA DEPRESIÓN Y SE
PERDIÓ POR LA PUERTA FALSA DE LA VIDA.
COMO LE A PASADO A MUCHAS PERSONAS, QUE POR FUERTES
DEPRESIONES,
INCOMPRENSIÓN O FALTA DE COMUNICACIÓN.
HUYEN POR LA PUERTA FALSA, NO, NO BUSQUES ESA PUERTA, UNA
CUERDA, UNA BALA O UN CUCHILLO NO ES LA LLAVE, NI EL ESCAPE DE
LOS PROBLEMAS.
LA CONFIANZA, COMUNICACIÓN Y EL CARIÑO DE LAS PERSONAS QUE
NOS RODEAN, HACE QUE SE FORTALEZCA LA BARRERA QUE SEPARA EL
DOLOR Y SUFRIMIENTO DE NUESTRA MENTE Y CORAZÓN.
Y LA MEJOR TERAPIA PARA ESA DEPRESIÓN, ES EL AMOR DE LA
FAMILIA, NO PIERDAN SU VIDA EN LA PUNTA DE, UNA MALDITA CUERDA.

NUBES NEGRAS.

POR QUÉ LAS NUBES NEGRAS, SIEMPRE HAN DE OSCURECER MI CIELO.
ACASO NO TENGO DERECHO A UN CIELO CLARO?.
PORQUE DEBO REÍR?.
ACASO SERÁ PARA OCULTAR QUE ESTOY LLORANDO?.
POR QUÉ, SI LA CORONA DE ESPINAS, FUE PARA JESÚS, YO SIENTO,
QUE ESTOY CARGANDO UNA MALA SUERTE.
QUE MALA SUERTE, A CUANTOS COMO YO, LOS HE ESCUCHADO DECIR
LO MISMO?.
SERA QUE LA SUERTE NO ES PAREJA O TAL VEZ ALGUNOS NO NOS
CANSAMOS DE RENEGAR DE LA MALA SUERTE?.
PERO NUNCA NOS ACORDAMOS DE BUSCAR LA CLARIDAD,
DESCANSANDO BAJO LA SOMBRA DE LA FE.
ES POR ESO QUE SIEMPRE NOS COBIJARON LAS NUBES NEGRAS.

EL RELOJ DEL TIEMPO.

NO DEJO UN ADIÓS, TAMPOCO ME DESPIDO, PERO A LLEGADO EL MOMENTO QUE DEBO EMPRENDER UN VIAJE, EL RELOJ DE MI TIEMPO SE A DETENIDO.
PERO NO ESTOY TRISTE PORQUE ME VOY, ME ENTRISTECE SABER, QUE LES VOY A CAUSAR UN GRAN DOLOR.
PERO NO LLOREN, PORQUE, AUNQUE MI MARCHA ES PARA SIEMPRE DE ESTE MUNDO, SOLO ME TRANSFORMARE Y MI ALMA LLEGARA A UN HERMOSO VALLE, DONDE YA ME ESPERAN ALGUNOS DE MI SERES QUERIDOS, A LOS CUALES, ANTES QUE A MI, SU RELOJ DEL TIEMPO TAMBIÉN SE LES DETUVO.
AHÍ ME REUNIRÉ CON ELLOS, ASÍ QUE POR FAVOR NO SUFRAN, NI LLOREN, DISFRUTEN Y VIVAN SU TIEMPO.
YO AQUI LOS ESPERARE, PORQUE LLEGARA EL MOMENTO, QUE SU RELOJ DEL TIEMPO, TAMBIÉN SE DETENDRÁ.
ASÍ QUE RECUERDEN SER FELICES, PORQUE NADA, ES PARA SIEMPRE.

EL CRISTAL DE DIOS.

SE PREGUNTARAN PORQUE EL CRISTAL DE DIOS, LO VOY A EXPLICAR
COMO YO LO VEO.
DIOS ES COMO UN INMENSO CRISTAL, TRANSPARENTE E INVISIBLE,
DONDE TODAS NUESTRAS ACCIONES O DESEOS BUENOS O MALOS
REBOTAN.
CUANDO ES UN HAZ DE FE Y BUENAS ACCIONES, EL QUE EMANAMOS,
REGRESA Y NOS FORTALECE.
CUANDO IRRADIAMOS COSAS O ACCIONES NEGATIVAS, REGRESAN
MALAS COSAS, ASÍ QUE, LO QUE REFLEJAMOS NOS HACE MORIR O
VIVIR PARA SIEMPRE.
DIOS ES EL CRISTAL, DONDE SE REFLEJA EL HAZ DE ENERGÍA POSITIVA
O NEGATIVA, QUE TRANSMITIMOS, NO ES CASTIGO, SON ACCIONES QUE
DESEAMOS O HACEMOS Y EL REBOTE LA PAGAMOS, PORQUE NADIE
ESCAPA, AL CRISTAL DE DIOS, NO LO ENGAÑAMOS.

EL HUMANO SIN DIOS.

YA ES UNA TRISTE REALIDAD, CASI TODOS HEMOS PERDIDO LA
CONEXIÓN CON DIOS,
Y LO PODEMOS VER EN LA PARTE DE ATRÁS DE UN MERCADO, DONDE
ESTA LA
ANTESALA DEL HAMBRE Y LA MISERIA.
QUIÉN NO A CAMINADO, POR LA PARTE DE ATRÁS DE UN MERCADO,
DONDE SE
MIRAN SERES HUMANOS, QUE ENTRE LA BASURA Y LOS DESPERDICIOS,
BUSCAN QUE COMER.
QUE TRISTEZA, QUE POCOS SE ANIMEN A AYUDARLOS, PERO MUCHOS
SE ATREVEN A JUZGARLOS.
DÓNDE ESTÁN LOS QUE PREDICAN LA BIBLIA O ESOS QUE HABLAN DEL
AMOR AL PRÓJIMO.
ELLOS TAMBIÉN SON SERES HUMANOS Y POR PADECER DE HAMBRE DE
REOJO LOS MIRAMOS CON MUECAS DE ASCO Y CARAS DE FUCHI.
PORQUE ELLOS VISTEN EN HARAPOS Y OTROS CON ROPA DE MARCA Y
BOLSAS GUCCI.
UNA MARCA O UN BUEN CARRO INSPIRAN AMOR O SIMPLEMENTE ES LA
VERDADERA MARCA DE LA CONVENIENCIA O LA HIPOCRESÍA.
DIOS, NO VENDE MARCAS, CARROS Y MUCHO MENOS VENDE LA FE.
DIOS AMÓ AL PRÓJIMO Y NUNCA MIRÓ MARCA, SIMPLEMENTE AMO A SU
PRÓJIMO Y AHORA EL PRÓJIMO ES, UN HUMANO SIN DIOS.

EL LLANTO DE UN PEQUEÑO.

EL LLANTO DE UN PEQUEÑO, NUNCA DEJARA DE SER, EL DOLOR DE UNA MADRE.
Y SIEMPRE LA HERMOSA SONRISA DE UN PEQUEÑO ES PARTE DE LAS ALEGRIAS DE UNA MADRE, ASÍ COMO VERLO DAR SUS PRIMEROS PASOS.
PERO CUANDO EMPIEZA A CAMINAR Y CORRER, INICIA SU AZAROSA AVENTURA POR LA VIDA Y DEJA DE SER UN PEQUEÑO Y BUSCARA VIVIR SUS PROPIAS EXPERIENCIAS.
LE MOLESTAN LOS CONSEJOS Y EMPIEZA EL CALVARIO Y SUFRIMIENTO DE UNA MADRE.
UNA MADRE QUE AL FINAL, SOLO CONSERVARA FOTOS Y RECUERDOS DE AQUEL PEQUEÑO.
YA QUE MUCHOS CONVERTIDOS EN HOMBRES, ABANDONA EL HOGAR DONDE DIERON SUS PRIMEROS PASOS, OLVIDÁNDOSE DE AQUELLA MADRE, LA ABANDONAN Y MUCHAS VECES HASTA SE AVERGÜENZAN DE AQUELLA MADRECITA, QUE LOS CUBRIÓ CON AMOR.
Y CASI NADIE VALORA LOS DESVELOS DE AQUELLA MUJER, OCACIONADOS CUANDO ALGUN DOLOR CAUSABA, EL LLANTO DEL PEQUEÑO.

UNA CIVILIZACIÓN DE MENTIRAS.

EL CABALLERO ANDANTE DE LA SOCIEDAD MODERNA, HA DESPLAZADO
A AQUELLOS GLADIADORES.
A AQUELLOS GLADIADORES QUE EN LUCHAS ÉPICAS BUSCABAN LA
LIBERTAD DE SU PUEBLO.
CABALGANDO EN NOBLES CORCELES, ENFUNDADOS EN PESADAS
ARMADURAS.
ARMADURAS QUE AHORA SE HAN CONVERTIDO, EN COSTOSOS TRAJES
Y AQUELLOS BRIOSOS CORCELES, SE CONVIRTIERON EN LUJOSOS
AUTOMÓVILES.
Y SUS LUCHAS YA NO SON EN COLISEOS, NI BLANDIENDO SUS PESADAS
ESPADAS, AHORA NO HAY COMBATES, SON DEBATES EN CABILDOS.
Y SU ARMA, YA NO ES UNA PESADA ESPADA, ES PARAR SOLO EL
DEDITO.
LO MALO NO A CAMBIADO, AL REY ARTURO SE A OLVIDADO Y A CÉSAR
EL ROMANO, SU TIRANÍA LE HAN COPIADO.
DÓNDE ESTÁS MESA REDONDA, YA MI PUEBLO ESTÁ ENFADADO, COMO
EN ESA MESA NO CABEN QUINIENTOS, DE SEGURO LA QUEMARON Y
CON UNA CIVILIZACIÓN DE MENTIRAS SE QUEDARON.

FUERZA ESPIRITUAL.

NO TE SIENTAS MUY PODEROSO,

POR ATACAR Y DOBLEGAR A UNO MAS DEVIL QUE TU.

PORQUES, SI USAS TU FORTALEZA,

 CONTRA UNO MAS DEVIL QUE TU.

ES PORQUE,

TU ERES MAS DEVIL DE ESPIRITUD QUE EL.

Y EL ES, MUCHO MAS FUERTE QUE TU.

PORQUE, AUN SABIENDOSE DEVIL,

TIENE EL VALOR DE ENFRENTARSE,

Y TRATAR DE VENCER,

A UNA FUERZA MUY SUPERIOR A LA DE EL.

AHORA DIME,

CUAL ES MAS PODEROSA?.

LA FUERZA BRUTA O LA FUERZA ESPIRITUAL.

PAZ EN TU CORAZON.

REALMENTE QUE CELEBRAMOS O DEVIERA PREGUNAR, QUE FESTEJAMOS EN SEMANA SANTA?.
PORQUE ALGUNOS REALIZAN VIACRISIS?.
PARA RECORDAR LA VIDA Y MUERTE DE NUESTRO SENOR JESUCRISTO?.
VENERANDO SU SUFRIMIENTO CUANDO FUE COLGADO EN LA CRUZ PONIENDOLE UNA CORONA DE ESPINAS Y CLAVANDOLE LANZAS.
PERO, MUCHOS MAS, FESTEJAMOS PORQUE ESA ES LA REALIDAD FESTEJAMOS SU MUERTE.
DIVIRTIENDONOS EN PLAYAS O EN ALBERCAS, ALGUNOS HACIENDO FIESTAS O BORRACHERAS PARTICULARES.
ENTONSES QUIEN FUE JESUCRISTO PARA NOSOTROS, NUESTRO PADRE DIOS?.
Y PORQUE NO HACEMOS LO MISMO, CUANDO MUERE NUESTRO PADRE TERRENAL, VAMONOS A LA PLAYA O A LAS ALBERCAS O HAY QUE DIVERTIRNOS HACIENDO, FIESTAS PRIVADAS.
TU LO HARIAS?.
VERDAD QUE NO?.
ENTONSES, REALMENTE QUE ES JESUCRISTO PARA NOSOTROS.
SOLO UNA TRADICION QUE CONVIENE PARA NO IR A TRABAJAR O A LA ESCUELA O SIMPLEMENTE PARA DIVERTIRTE.
 AHORA TE PREGUNTO QUE ES DIOS PARA TI?,
QUIEN FUE REALMENTE JESUCRISTO?.
UN NINO PRODIGIO O UN NINO EDUCADO POR SABIOS Y PROFETAS O TAL VEZ UN NINO QUE NACIO EN UN PAIS LLENO DE MITOLOGIAS Y PROFECIAS O REALMENTE ES EL HIJO DE DIOS?.
QUIEN LO SABE?.
YO NO, PERO LO QUE SI SE ES QUE SU NOMBRE TRAJO PAZ A LOS HOMBRES, COMO A LAS NACIONES.
NOS LLENO DE FE Y NOS ENSENO EL AMOR ASIA NUESTROS SEMEJANTES Y SU ULTIMA ENSENANZA FUE QUE LA FUERZA BRUTA JAMAS SE COMPARARA A LA FUERZA ESPIRITUAL.
AHORA DIME CUANDO MENCIONAS SU NOMBRE SIENTES PAZ EN TU CORAZON?.
Y CREES QUE EL ESTA CONTIGO?.
ENTONSES SI, CONOCES A JESUCRISTO?.
TE PREGUNTO, CREES QUE VOLVERA, PARA JUZGAR A VIVOS Y NUERTOS?.

EL MAESTRO Y EL BARRENDERO.

AQUEL HOMBRE CAMINABA APRISA Y MIRANDO HACÍA UNA LIBRERÍA.
EN SU MANO LLEVABA UNA PEQUEÑA VARA Y BAJO EL BRAZO, UN
PORTAFOLIO.
EN ESO, AL LLEGAR A UNA ESQUINA, ALGUNAS BASURAS CAYERON A
SUS PIES Y EL BARRENDERO EXCLAMÓ, PERDÓN MAESTRO.
EL MAESTRO VOLTEO Y TAMBIÉN LO RECONOCIÓ Y CON SORPRESA
EXCLAMÓ, PERO QUE HACES, TU ERAS MI MEJOR ALUMNO.
AQUEL JOVENCITO AGACHÁNDOSE, RESPONDIÓ, MI PADRE DICE, QUE
ES SOLO PERDER EL TIEMPO.
EL MAESTRO VOLVIÓ A EXCLAMAR, PERO COMO, ESO NO ES POSIBLE,
TÚ QUERÍAS SER DOCTOR.
YO QUIERO SER UN DOCTOR, PERO MI PADRE ME CONSIGUIÓ ESTE
TRABAJO DE BARRENDERO.
EL MAESTRO CON TRISTEZA BAJO SU MIRADA Y VIO UNOS LIBROS
AMARRADOS CON UNA CINTA Y PREGUNTO Y ESOS LIBROS?.
EL JOVENCITO CONTESTÓ, MI AMIGO EL DE LA LIBRERÍA ME LOS
PRESTA Y ESTUDIO POR LAS NOCHES.
EL MAESTRO YA NO PUDO MÁS, AGACHANDO SU MIRADA CON
LAGRIMAS EN LOS OJOS Y AQUEL JOVENCITO TIRANDO LA ESCOBA Y
TAMBIÉN CON LÁGRIMAS EN LOS OJOS, LE DIJO, CON MUCHOS
SACRIFICIOS ESTUDIARÉ, PORQUE, QUIERO SER DOCTOR Y CON ESA
PROMESA SE DESPIDIERON, EL MAESTRO Y EL BARRENDERO.

DIOS Y LA HISTORIA DE LA VIDA.

MUCHOS DE NOSOTROS PODEMOS ANDAR POR EL MISMO CAMINO,
PERO CON DIFERENTES HISTORIAS.
A ALGUNOS NOS GUSTA, LA HISTORIA FÁCIL, OTROS BUSCAMOS LA
COMPLICADA.
 Y LA MAYORÍA, SIMPLEMENTE EXISTIMOS, COMO SI ESTUVIÉRAMOS
CONGELADOS EN EL TIEMPO.
NOS HABLAN SOBRE DIOS, ESCUCHAMOS DE SUS MILAGROS Y TODO
SON COSAS BELLAS,
PERO, QUIEN SE A PUESTO A PENSAR EN DOS CONCEPTOS, DESTINO Y
LIBRE ALBEDRÍO.
CUANDO A ALGUIEN LE PASA ALGO, DECIMOS, ESE ERA SU DESTINO Y
SIN EMBARGO HABLAMOS DE QUE CADA QUIEN TIENE LIBRE ALBEDRÍO.
CÓMO PODEMOS TENER UN DESTINO?.
SI DIOS, NOS DIO UN LIBRE ALBEDRÍO.
ENTONCES MEJOR SEGUIMOS CONGELADOS Y HAY QUE DECIR DIOS,
EN LA HISTORIA DE CADA VIDA.

EL VIEJO SEMBRADOR Y EL ESPANTAPÁJAROS.

ERA UN VIEJO SEMBRADOR YA CURTIDO POR LOS RAYOS DEL SOL, EL MISMO SOL, QUE LO QUEMARA LENTAMENTE DURANTE TANTOS AÑOS, LOS MISMOS AÑOS, QUE HABÍA SEMBRADO CON AMOR SU SEMILLA.
Y CON EL TIEMPO, SOLO HABÍA CONSERVADO A UN FIEL AMIGO, EL ESPANTAPÁJAROS.
AQUEL ESPANTAPÁJAROS, QUE TENÍA UN SOMBRERO DE PALMA YA DESHILACHADO, POR EL TIEMPO Y UNA CAMISA ROJA DECOLORADA POR EL SOL.
AQUEL VIEJO, ENSEÑÓ A SEMBRAR Y A CULTIVAR A SUS HIJOS Y AHORA ENSEÑABA A SU NIETO.
LA LLAMADA TECNOLOGÍA, HABÍA LLEGADO AQUELLAS TIERRAS, PERO, EL SEGUÍA SEMBRANDO CON ARADO Y BESTIAS.
EL NIÑO LE PREGUNTÓ, PORQUE SEGUÍA SEMBRANDO A LA ANTIGUA?.
EL VIEJO SEMBRADOR CONTESTO, PORQUE CADA DIA ME RECUERDA A MIS PADRES, ADEMÁS SI DEJO DE HACERLO, MORIRÉ Y CONMIGO TAMBIÉN MORIRÁ LA TRADICIÓN DE MIS VIEJOS.
Y SE QUE NADIE MÁS VENDRÁ A PLATICAR CON MI FIEL AMIGO, EL ESPANTAPÁJAROS.

ENTRE DIOS Y LA MUERTE.

HOY ME HE DADO CUENTA, DE LO HERMOSO DE LA VIDA Y PENSAR QUE
TANTO TIEMPO LA HE DESPERDICIADO, QUERIENDO VIVIR EN MI
MUNDO.
 INTENTANDO REALIZAR YO SOLO MIS ILUSIONES Y SIN COMPARTIR MIS
SENTIMIENTOS.
ES MUY CIERTO, QUE CADA CABEZA ES UN MUNDO, PERO, QUE
EQUIVOCADO ESTÁ AQUEL, QUE QUIERE HACER SU PROPIO MUNDO.
ESO NO ES POSIBLE, PORQUE NUESTRO MUNDO, GIRA ALREDEDOR DE
OTROS MUNDOS Y OTROS MUNDOS GIRAN ALREDEDOR DEL NUESTRO.
HAY ESLABONES QUE LOS UNEN, COMO LAS ILUSIONES Y LOS
SENTIMIENTOS Y SIEMPRE ESTÁN ENTRELAZADOS COMO DOS ANILLOS
O COMO AQUELLOS QUE SE JURAN AMOR ETERNO.
POR QUE EL ESLABÓN DE NUESTROS MUNDOS ESTÁ, ENTRE DIOS Y LA
MUERTE.

EL PORDIOSERO Y EL CARPINTERO.

DENTRO DE UNA VIEJA CARPINTERÍA, AQUEL JOVEN CARPINTERO
TERMINABA DE LABRAR LA FIGURA DE JESUCRISTO EN UN MADERO.
EL JOVEN DETALLABA LAS LÍNEAS MINUCIOSAMENTE CON UN FORMÓN,
CUANDO VOLTEA Y MIRA A AQUEL HOMBRE FLACO Y DESALIÑADO, QUE
SILENCIOSAMENTE HABÍA ENTRADO A SU CARPINTERIA.
Y SIN ESPERAR A QUE LE PREGUNTARA, EL PORDIOSERO LE DIJO,
TENGO HAMBRE Y EL OLOR A COMIDA ME TRAJO HASTA AQUÍ.
EL CARPINTERO DE MALA GANA, LE DIO UN TACO, EL PORDIOSERO
DIJO, GRACIAS A DIOS POR ESTOS ALIMENTOS.
EL JOVEN SE MOLESTÓ Y EXTERNO A MI DIOS ME HA ABANDONADO, EL
HOMBRE PREGUNTÓ, PORQUE DICES QUE DIOS TE A ABANDONADO?.
Y EN ESE PEDAZO DE TRONCO, LABRASTE MUY BELLA SU FIGURA, EL
CARPINTERO QUEJÁNDOSE DIJO, SOLO TENGO ESE TRABAJO, A MI
FAMILIA EN LA POBREZA Y ESTA VIEJA CARPINTERÍA.
EL PORDIOSERO CONTESTO Y DICES QUE DIOS TE A ABANDONADO?.
MÍRAME, PERO MÍRAME BIEN, ESTOY DESCALZO, SOY HUÉRFANO, NO
TENGO
NO TENGO FAMILIA, CASI NO COMO, NADIE ME DA TRABAJO Y DUERMO
DONDE ME AGARRA LA NOCHE.
EXPRESANDO ESTO FUE Y BESO LA FIGURA DE JESUCRISTO,
DICIÉNDOLE, PERDONALO SEÑOR, ÉL NO CONOCE EL SUFRIMIENTO.
Y SE DIRIGIÓ A LA SALIDA DE LA CARPINTERIA Y POR ÚLTIMAO Y POR
ULTIMO SE DIRIGIO AL JOVEN CARPINTERO DICIÉNDOLE, GRACIAS POR
EL TACO
QUE ME DISTES DE MALA GANA Y PORQUE TENÍA HAMBRE, NO LO
RECHACE, PERO TU TIENES MAS HAMBRE QUE YO.
PEDIRE A DIOS QUE ALIMENTE TU CORAZÓN, Y AL DECIR ESTO, EL
PORDIOSERO ABANDONÓ LA CARPINTERÍA.

EL ALBAÑIL, EL INGENIERO Y EL DOCTOR.

EN UNA CHOZA UBICADA EN UNA COLONIA POBRE, HABITABAN DOS VIEJECITOS Y CON ELLOS UN HOMBRE ADULTO, QUE ERA UNO DE SUS HIJOS.

LA VIEJECITA, CADA MAÑANA LE PREPARABA EL LONCHE A SU HIJO, EL HOMBRE TOMABA SU LONCHE, SE SUBÍA A SU BICICLETA Y SE DIRIGÍA A SU TRABAJO, ÉL ERA UN MAISTRO ALBAÑIL.

EL ALBAÑIL REGRESABA A SU CASA YA MUY TARDE Y CANSADO, PERO AUN ASÍ, ATENDÍA A SUS VIEJECITOS CON MUCHA TERNURA Y CARIÑO.

UNA NOCHE, LA VIEJECITA SE ENFERMÓ Y EL ALBAÑIL, A OTRO DIA NO PUDO ACUDIR A SU TRABAJO.

YA POR LA TARDE EL INGENIERO DE LA OBRA, LLEGÓ A LA VIEJA CASA DEL ALBAÑIL Y LE GRITÓ, SI VUELVES A FALTAR AL TRABAJO, TE DESPEDIRÉ.

EL ALBAÑIL LE CONTESTÓ, NUESTRA MADRE ESTABA ENFERMA, EL INGENIERO DIJO, A MI NO ME IMPORTA, PRIMERO ESTA TU TRABAJO.

AL ESCUCHAR LOS GRITOS, LA VIEJECITA PREGUNTO, PORQUE LE GRITAS?.

EL ES TU HERMANO EL MAYOR, EL INGENIERO CONTESTÓ, TU HIJO IRRESPONSABLE ME ESTA QUEDANDO MAL.

Y SIN PREGUNTARLE A SU MADRE COMO ESTABA, SE MARCHÓ Y A LOS POCOS DÍAS, LA VIEJECITA SE VOLVIÓ A ENFERMAR, DEBIDO A SU EDAD.

Y EL ALBAÑIL, COMO PUDO LA TRASLADÓ,A UN HOSPITAL Y LE HABLÓ A SU OTRO HERMANO, QUE ERA DOCTOR Y LE DIJO, NUESTRA MADRE ESTÁ MUY ENFERMA Y QUIERE QUE AUNQUE SEA AQUÍ, PUEDAS VENIR A VERLA.

EL DOCTOR LE CONTESTÓ, VOY A ENTRAR A UNA OPERACIÓN Y PARA MI ES MUY IMPORTANTE, SI PUEDO, CUANDO TERMINE VOY A VERLA.

EL ALBAÑIL NO DIJO MÁS Y COLGÓ Y LE MARCÓ AL INGENIERO Y LE DIJO, MI MADRE ESTÁ OTRA VEZ ENFERMA Y NO VOY A IR A TRABAJAR, PARA SI QUIERES DESPEDIRME DE UNA VEZ.

Y LLORANDO POR LA TRISTEZA LE DIJO, PERO QUIERO RECORDARLES, QUE MIS VIEJITOS Y YO TRABAJAMOS MUY DURO Y LO ÚNICO QUE LES PEDÍAMOS A TU HERMANO Y A TI, ERAN BUENAS CALIFICACIONES, PARA QUE APROBARAN SUS CARRERAS.

Y QUE BUENO QUE LAS APROBARON, PERO CREO, QUE EN EL AMOR DE HIJOS Y DE HERMANOS LOS DOS ESTÁN REPROBADOS Y LLORANDO EL HUMILDE ALBAÑIL, ABRAZO A SUS VIEJECITOS.

EL MISMO TREN.

DIOS NOS ENVIO A TODOS,
A VIAJAR EN EL MISMO TREN.
AUNQUE, TODOS BUSQUEMOS,
RUTAS DIFERENTES Y HAGAMOS ESCALAS
MUY POCOS, LA DISFRUTARAN.
MUCHOS EN ESA ESCALA LLORARAN,
PERO, TODOS SIN ESEPCION SUFRIREMOS.
Y AL MISMO TREN REGRESAREMOS,
PARA QUE AL FINAL DEL VIAJE,
UNOS VAJARAN PRIMERO,
OTROS UN POCO DESPUES,
PERO TODOS ALA MISMA ESTACION LLEGAREMOS.

NUESTRO PEOR ENEMIGO.

QUIÉNES SOMOS?.
POR FUERA, SOLAMENTE UNA FIGURA CON ROSTRO?.
PERO CASI TODOS TENEMOS A NUESTRO ENEMIGO INTERNO.
EL MIRA LOS ERRORES DE OTROS Y EN VEZ DE APRENDER DE ELLOS,
BUSCA LAS RESPUESTAS EN SUS PROPIOS ERRORES.
CON EL TIEMPO, MATAMOS NUESTRA INICENCIA, PERDIÉNDOLA EN LA
OSCURIDAD DE LA MALDAD.
CON FACILIDAD, APRENDEMOS TODO LO MALO, ANIQUILANDO NUESTRA
BELLEZA INTERNA.
NO PERDEMOS DE LA LUZ QUE BRILLA, POR NO PODER ABRIR LOS
OJOS, LA PERDEMOS AL ALEJÁRNOS DE LA GRACIA DIVINA.
PENSANDO QUE EL ALMA QUE POSEEMOS NOS PERTENECE, PERO ESA
ALMA, SOLO NOS ACOMPAÑARÁ, HASTA EL DIA FINAL DE NUESTRO
TIEMPO TERRENAL.
Y AUNQUE MUCHAS VECES, QUERAMOS ESCAPAR DE NOSOTROS
MISMOS,
NUESTRA ESENCIA INTERNA, NOS RECORDARÁ, QUE NOSOTROS
MISMOS SOMOS, NUESTRO PEOR ENEMIGO.

MARTIR Y REDENTOR.

TU QUE CREES QUE HIZO JESUCRISTO EN SU NINES, ADOLESCENCIA Y PARTE DE SU JUVENTUD?.

PORQUE LA BIBLIA O CUALQUIER OTRO LIBRO, QUE HABLE O ESCRIVA SOBRE RELIGION NO LO DICEN

PORQUE DEBEMOS DE CONOCER SOLAMENTE LA HISTORIA. DEL MARTIR Y REDENTOR, DESPUES DE LOS TREINTA ANOS?.

YO NO CREO, QUE JESUCRISTO ENCARNARA, SOLO, PARA MORIR POR LOS PECADORES.

ESO ES ILOGICO, CREO QUE ES MAS LOGICO Y CREIBLE, PENSAR QUE FUE ENVIADO, TAMBIEN A CONOCER LA FORMA DE VIDA Y DE PENSAR, DE LA RAZA HUMANA.

Y QUE EN SU NINEZ FUERA PREPARADO, POR SABIOS Y PROFETAS PARA QUE, EN SU ADOLESCENCIA ASIMILARA Y CONOCIERA, LA MALDAD, LA MENTIRA Y TAMBIEN LA FALCEDAD DEL SER HUMANO.

PARA QUE, EN SU JUVENTUD PUDIERA CONOCER Y SUPERAR LAS TENTACIONES, CARNALES Y TAMBIEN ESTAR PREPARADO PARA CONTROLAR LA IRAY EL ODIO.

SABIENDOSE QUE SERIA CRUCIFICADO Y TRATADO CON TANTA CRUELDAD

Y ASI PODER SABER Y SENTIR LO QUE ERA EL VERDADERO SER HUMANO.

Y AL ESTAR SENTADO, A LA DERECHA DEL PADRE PODER DECIR QUE LA RAZA HUMANA, LLEGARA A AUTODESTRUIRSE SIN COMPACION.

PORQUE, ES CAPAS DE SENTIR ODIO, RENCOR Y MUCHA MALDAD Y QUE TENDRIA QUE REGRESAR A JUZGAR A VIVOS Y MUERTOS.

YO PIENSO QUE ASI FUE, AHORA TU QUE PIENSAS, SERA LOGICO?.

EL CREYENTE FALSO.

PORQUE HABLAS DE DIOS, SI DE DIOS, NO CONOCES NADA.
SOLO LO LLEVAS EN TU BOCA, PARA PRESUMIR Y LO USAS COMO
ESCUDO, PARA QUE NADIE VEA TUS MENTIRAS.
DIOS, NO ES PARA CUBRIR SOBERBIA, NI TAMPOCO, PARA
ENGRANDECER LAS PRESUNCIONES.
DIOS ES AMOR EN LOS CORAZONES, ES BONDAD EN EL ALMA, EL, NO
DIFERENCIA A UN CIEGO, DE UN COJO, NI A UN RICO, DE UN POBRE.
TU SOLO PREDICAS LA BIBLIA, PARA USARLA A TU CONVENIENCIA,
PORQUE VAS Y TE INCAS ANTE SU IMAGEN Y DESPUÉS IGNORAS AQUEL
CIEGO, QUE TE PIDE CARIDAD,
O TE OLVIDAS DE AQUELLA ANCIANITA QUE SOLO ESPERA UN ABRAZO
O PIDE UNAS PALABRAS DE AMOR DE UN HIJO.
COMO DICES?.
DIOS TE BENDIGA, CON PALABRAS, CUANDO TUS ACCIONES ESTÁN
LLENAS DE MALDAD Y ENVIDIA.
PORQUE LE DAS VALOR A UN PUÑADO DE METAL AMARILLO?.
O LE PONES NUMEROS A UN PEDAZO DE PAPEL?.
SI EL AMOR A DIOS, NO PESA, NO TIENE PRECIO Y AUNQUE NO SE
SIENTE, ES PURO Y TRANSPARENTE.
EL AMOR DE DIOS, NO DEBE DE SER DONDE SE ESCUDA LA MENTIRA,
DEL CREYENTE FALSO.

EL TEMPLO DE CRISTO.

NO FINJAS PERDONAR A TUS ENEMIGOS.

PORQUE!.

DE SU CASTIGO SE ENCARGARAN ELLOS MISMOS.

MEJOR, MANTEN TU CORAZON LIMPIO DE ENVIDIAS Y DE MALDAD

QUE TU CUERPO ES EL TEMPLO DE CRISTO.

Y LO QUIERE, LIBRE DE ODIOS Y RENCORES.

QUIEN ES EL CULPABLE

QUIEN ES EL CULPABLE, DE LO BUENO Y LO MALO QUE NOS PASA.
LA VIDA O NOSOTROS?.
LA VIDA, SIMPLEMENTE NOS DA SU TIEMPO Y ESPACIO.
EN ESE TIEMPO Y ESPACIO, NOSOTROS HACEMOS NUESTRA PROPIA
VIDA.
EN OCASIONES, HAY QUE CONOCER EL INFIERNO, PARA PODER SABER
LO QUE ES LA GLORIA O SENTIR MORIR POR ALGO, PARA PODER VIVIR,
POR LO QUE VALE LA PENA.
LA VIDA, NO CUBRE LAS REALIDADES, CON BRUMAS DE LA FANTASÍA,
NOSOTROS, QUE SIEMPRE BUSCAMOS LO COMPLICADO, DICIENDO QUE
LO FÁCIL, NO VALE LA PENA.
EN LA VIDA, NO HAY UN SER PERFECTO, AUNQUE PERFECTA SEA LA
VIDA.
LA VIDA ES UNA PERFECTA ARMONÍA. LLENA DE COLORES Y COSAS
MARAVILLOSAS, DONDE NOSOTROS CREAMOS, LO BUENO Y LO MALO, O
LO FEO Y HERMOSO.
PERO ESO, SOLO SON CONCEPTOS, QUE DEPENDEN DE QUIEN LOS
VEA, POR LO TANTO, LA VIDA, SIMPLEMENTE NOS A REGALADO UN
TIEMPO MARAVILLOSO.
ASÍ QUE DISFRUTAR DE LO BUENO O SUFRIR POR LO MALO.
QUIEN ES EL CULPABLE?.
LA VIDA, SIMPLEMENTE NOS DA SU TIEMPO.
NOSOTROS, QUÉ HACEMOS CON ESE TIEMPO?.
ENTONCES, LA VIDA NO ES CULPABLE, SI ES QUE CULPABLE HUBIERA.

LA BODEGA.

LA VIDA, ES COMO UNA BODEGA.
A DONDE TODOS LLEGAMOS,
A RECOGER NUESTRA CARGA.
PARA ALGUNOS SERA LIGERA,
PARA MUCHOS, SERA PESADA.
Y HABRA QUIENES CARGARAN,
UNA TAN PESADA, DIFICIL DE SOPORTAR.
PERO AUN ASI, LA TRANSPORTARAN,
HASTA ENTREGARSELA, ADIOS NUESTRO SEÑOR.

RECONCILIACIÓN CON DIOS.

PORQUE LA CIENCIA SIEMPRE HA CREADO PARADOJAS CON RESPECTO
A LA RELIGIÓN, LO
HAN LLAMADO MITOS, LEYENDAS O SIMPLEMENTE LO INEXPLICABLE.
PORQUE SI SIEMPRE LA CIENCIA A NEGADO LA EXISTENCIA DE DIOS.
AHORA LO QUIEREN
RELACIONAR CON INTELIGENCIAS SUPERIORES.
CUÁNTO TIEMPO LA CIENCIA NEGÓ LA EXISTENCIA DE OTRAS
CULTURAS O CIVILIZACIONES
EN ESTE UNIVERSO, ME PREGUNTO?.
CUANTOS CREEMOS EN LA EXISTENCIA DE OTRAS CULTURAS DENTRO
DEL UNIVERSO?.
CUANTOS ACEPTAMOS LA EVOLUCION DEL HOMOSAPIEN?.
O SIMPLEMENTE QUIEN CREE EN ADÁN Y EVA?.
O LO MÁS PROBABLE ES QUE, TENEMOS MIEDO A LA REALIDAD?.
CUANTOS EXPRESAMOS REALMENTE LO QUE CREEMOS?.
O CUANTOS ACEPTAMOS REALMENTE LO QUE SOMOS, LA CIENCIA Y
RELIGIÓN
SON DOS MAESTROS EN CONTRADICCIONES, PERO AHORA, LA CIENCIA
TRATA DE DAR
MUCHAS EXPLICACIONES, SERÁ QUE YA TIENEN LAS RESPUESTAS O YA
ESPERAN LA
LLEGADA DE ALGO DIVINO?.
POR ESO BUSCAN UNA, RECONCILIACIÓN CON DIOS.

LA GUERRA DE LA VIDA.

QUIEN DICE QUE EXISTEN LAS DERROTAS,
YO NO CREO.
PORQUE, LA VIDA ES COMO LA GUERRA.
Y CADA BATALLA QUE LUCHAS,
AUNQUE LA PIERDAS GANAS.
PORQUE, GANAS EXPERIENCIA,
PARA ENFRENTAR LA SIGUIENTE LUCHA.
Y LLEGARA EL MOMENTO,
QUE NO TE ESFORZARAS,
PARA GANAR LAS BATALLAS.
PORQUE, CON LA EXPERIENCIA,
FORJASTES A UN GUERRERO,
QUE NUNCA SE RENDIRA,
EN LA GUERRA DE LA VIDA.

NO EXISTEN LOS PASTORES.

MUCHOS PIENSAN SER LOS JUECES, PERO MÁS SE SIENTEN SABIOS.
CUANTOS SON VERDUGOS?.
QUIEN NO PECA A DIARIO?.
ME DECLARO YO CULPABLE, PARA QUE ME JUZGAN?.
NO PIERDAN SU TIEMPO, ACEPTEN YA SU CULPA.
PORQUE SE SIENTEN SABIOS?.
SOLO POR LEER ALGUNAS LETRAS?.
SI EL MENSAJE NO LO ENTIENDEN O A SU CONVENIENCIA LO
INTERPRETAN.
SI EL PASTOR DIVINO, QUE BAJÓ DE CIELO, NOS DEJÓ UN MENSAJE
CLARO, EN LAS SANTAS LETRAS.
MUY CLARITO DIJO, QUE DETRÁS DE ÉL, LLEGARIAN FALSOS PROFETAS.
POR FAVOR NO PEQUEN, CON SENTIRSE REDENTORES, PORQUE AQUÍ
NO HAY SANTOS, TODOS SOMOS PECADORES.
EN LA TIERRA VIVE EL PAPA, SACERDOTES, MINISTROS Y
PREDICADORES.
PARA QUE CLARITO ENTIENDAN, EN LA TIERRA, NO EXISTEN LOS
PASTORES.

UNA PEQUEÑA PERSONITA.

QUE ES UN NINO PARA TI?.
UNA PEQUEÑA PERSONITA,
A LA CUAL SE LE PUEDE ENGANAR,
CON DULCES Y CON PROMESAS,
O CHANTAJEAR CON JUGETES Y REGLOS.
NO, UN NIÑO ES UN PEQUENO SER HUMANO,
AL CUAL,
DEBES DE CULTIVAR CON AMOR Y CON RESPETO.
ENSENARLE VERDADES Y REALIDADES,
Y ASI PREPARARLO, PARA QUE EN UN SU FUTURO,
SEA UNA GRAN PERSONA.

VÍCTIMAS DEL ABANDONO.

EN UNA CIUDAD COMO MUCHAS Y DONDE TAMBIÉN HAY MUCHOS
SERES HUMANOS SIN CORAZÓN.
TRES PEQUEÑOS ABORDABAN UN CAMIÓN DE PASAJEROS, ERAN DOS
HOMBRECITOS Y UNA NIÑA.
SE NOTABA QUE ERAN UNOS NIÑOS TROVADORES Y DE INMEDIATO,
EMPEZARON A
INTERPRETAR UNA MELODÍA MUY ALEGRE.
LA NIÑA QUE ERA LA MÁS GRANDECITA, BIEN AFINADA ENTONABA LA
CANCIÓN,
UNO DE LOS NIÑOS LA ACOMPAÑABA, TOCANDO LA GUITARRA Y CON EL
VAIVÉN DEL CAMIÓN ALGUNAS NOTAS SE PERDÍAN.
PERO AUN ASÍ, LOS NIÑOS SEGUÍAN CANTANDO CON ALEGRÍA,
MIENTRAS QUE EL MÁS PEQUEÑO, RECOGÍA LA COOPERACIÓN.
EN ESOS MOMENTOS, EL CAMIÓN HIZO UNA PARADA Y SE SUBE UNA
PAREJA QUE SIN REPARAR EN LOS PEQUEÑOS TROVADORES, SE
SENTÓ HASTA EL FONDO DEL CAMIÓN.
LA NIÑA AL MIRAR AQUEL HOMBRE INMEDIATAMENTE LO RECONOCIÓ Y
YA NO PUDO SEGUIR CANTANDO, PORQUE SU VOZ CON EL LLANTO SE
QUEBRÓ.
TODOS SE DIERON CUENTA QUE LA NIÑA LLORABA, ALGUNOS AL MIRAR
EL LLANTO LLENO DE TRISTEZA PREGUNTARON, PORQUE LLORAS?.
LA NIÑA INCONSOLABLE CONTESTÓ, ES QUE ACABO DE VER AL
HOMBRE, QUE A MI MAMITA Y A NOSOTROS NOS DEJÓ ABANDONADOS
EN LA POBREZA POR IRSE CON OTRA MUJER.
Y SIN QUERER, VOLTEÓ HACIA EL FONDO DEL CAMIÓN Y TODOS
HICIERON LO MISMO, EL HOMBRE SE DIO CUENTA QUE TODOS LO
MIRABAN.
Y QUE AQUELLA PEQUEÑA QUE LLORABA ERA SU HIJA Y
DEMOSTRANDO UNA VEZ MÁS SU COBARDÍA, DE UN BRINCO ABANDONÓ
EL CAMIÓN OLVIDANDO A SU PAREJA E IGNORANDO AQUELLOS NIÑOS,
QUE FUERON, VÍCTIMAS DE SU ABANDONO.

NO LE EXIJAS A DIOS.

PORQUE LE EXIJES A DIOS,
SI DIOS NO TE EXIJE NADA A TI.
Y SIN EMBARGO, TE DA MUCHO,
SIN PEDIR NADA A CAMBIO.
EL TE DA SALUD, AMOR Y ALEGRIA,
PORQUE, TU ERES SU HIJO.
AHORA DIME,
TU QUE LES DAS A TUS HIJOS?.

LA VIRGENCITA Y EL NIÑO.

AQUEL PEQUEÑO, DE ESCASOS 6 AÑOS, MIRABA CON EMOCIÓN, COMO SU ABUELITA, ARREGLABA CON MUCHA DEVOCIÓN, EL NACIMIENTO NAVIDEÑO.

PARA ÉL, ERA UNA NOVEDAD, PORQUE EN SU CASA NUNCA LO HABÍA VISTO Y EL NIÑO LE DIJO A SU ABUELITA, QUE BONITO SE VE ABUELITA Y LE PREGUNTO, PORQUE MI MAMI NUNCA ARREGLA NACIMIENTO?.

LA ABUELITA NO SUPO QUÉ CONTESTAR, EL NIÑO NO SOPORTO LA CURIOSIDAD Y LLEGANDO A CASA, EL PEQUEÑO PREGUNTÓ, MAMITA, PORQUE TU NO PONES NACIMIENTO COMO MI ABUELITA?.

LA MAMA NADA LE CONTESTÓ Y ASÍ PASARON LOS DÍAS Y A EL NIÑO, LE GUSTABA IR A VER EL NACIMIENTO DE LA ABUELITA Y UN DÍA, CUANDO EL NIÑO REGRESO DE LA ESCUELA, LE DIJO A SU MAMA.

MAMI, COMPRAME DULCES Y PONMELOS EN BOLSITAS, PARA LLEVARLOS COMO REGALO DE NAVIDAD A MIS AMIGOS.

LA MAMÁ LE DIJO QUE NO, ENTONCES LE DIJO A SU ABUELITA, ABUELITA COMPRAME DULCES Y PONMELOS EN BOLSITAS PARA LLEVARLOS A MIS AMIGOS.

LA ABUELITA COMPRO LOS DULCES , SE LOS ARREGLÓ Y SE LOS PUSO EN SU MOCHILA, UNAS HORAS DESPUÉS, LA MAMÁ RECIBIÓ UNA LLAMADA, ERA LA MAESTRA.

Y QUE LE DECÍA, POR FAVOR, DEBE VENIR A LA ESCUELA, PARA HABLAR SOBRE SU HIJO, LA MAMA SE PRESENTÓ Y LA MAESTRA LE DIJO, LA LLAME, PORQUE SU HIJO, ANDA VENDIENDO DULCES EN LA ESCUELA Y ESO ESTÁ PROHIBIDO.

LA MAMÁ SORPRENDIDA, SE MOLESTO MUCHO Y LAS DOS HABLARON CON EL NIÑO, LA MAMÁ LE PREGUNTÓ, DE DONDE SACASTES LOS DULCES?.

Y PORQUE LOS ANDAS VENDIENDO?.

EL NIÑO LLORANDO ESPANTADO CONTESTÓ, SE LOS PEDÍ A MI ABUELITA, PERO YO NO SABÍA QUE ERA MALO.

EL NIÑO DIJO, SOLO QUERÍA JUNTAR DINERO, PARA COMPRAR UNA VIRGENCITA, COMO LA DE MI ABUELITA, PORQUE EN LA CASA, NO TENEMOS NINGUNA.

A LA MAESTRA Y LA MAMÁ, TAMBIÉN SE LES SALIERON LAS LÁGRIMAS Y LA MAESTRA DIJO, PUEDEN IRSE A CASA Y EN VEZ DE CASTIGARLO, ESTE NIÑO MERECE RESPETO Y ADMIRACIÓN.

EL LABERINTO DE LA VIDA.

LA VIDA, ES COMO UN LABERINTO,
HAY MUCHOS CAMINOS PARA ESCOGER.
ALGUNOS SON CORTOS Y SIN SALIDA,
EN OTROS, CAMINARAS Y CAMINARAS
HASTA RECONOCER,
QUE YA PASASTES,
 POR ESE MISMO LUGAR VARIAS VECES
Y AL FINAL, DE TODOS LOS CAMINOS,
TE DARAS CUENTA,
QUE SOLO HAY UNA SALIDA.

LA PEOR SOLEDAD.

QUE EQUIVOCADO ESTÁ AQUEL,
QUE BUSCA CURAR LA SOLEDAD.
RODEANDOSE DE PERSONAS,
POR NO QUERER DARSE CUENTA
QUE LA PEOR SOLEDAD,
ES, ESTAR ENTRE PERSONAS,
PERO SOLITARIO DEL ALMA.

EL AEROPUERTO DE DIOS.

TODOS SOMOS PASAJEROS,
EN EL AEROPUERTO DE DIOS.
Y SIN EXCEPCIÓN,
DE NADIE VENIMOS,
CON BOLETO DE REGRESO.
VOLAMOS EN DIFERENTES AVIONES,
PARA ALGUNOS,
SU VIAJE SERA MAS LARGO.
PARA OTROS,
EL VIAJE SERA CORTO.
PERO, ANTES DE ABANDONAR EL AEROPUERTO.
TODOS, PASAREMOS A LA SALA DE EQUIPAJES,
A DECLARAR,
QUE CARGAMOS EN NUESTRAS MALETAS.

LOS OJOS DEL ALMA.

DICHOSO AQUEL,
QUE AUN CON UN SOL RESPLANDECIENTE,
SE DA CUENTA,
DE LA OSCURIDAD TOTAL EN QUE VIVE.
Y BUSCANDO EN SU INTERIOR,
ENCUENTRA LA LUZ,
QUE LE PERMITE MIRAR,
A TRAVÉS DE LOS OJOS DEL ALMA.

EL OASIS DE LA FE.

HAY QUIENES SON TAN SEDIENTOS
QUE, AUNQUE TOMEN MUCHA AGUA,
EN UN INAGOTABLE MANANTIAL,
JAMAS SE LLENARAN,
Y DESEARA TOMAR AGUA A CADA INSTANTE.
Y OTROS,
QUE SI ENCONTRARAN UN PEQUENO OASIS,
EN UN GRAN DESIERTO,
CON POQUITA AGUA SACIARIA SU SED.
Y SALDRIAN CAMINANDO TRANQUILAMENTE,
DE ESE INMENSO DESIERTO,
SIN NECESITAR MAS AGUA.
PORQUE BEBIERON, DEL OASIS DE LA FE.

LA CORTINA DEL TIEMPO.

HOY RECORDABA AQUÉL NIÑO, QUE PELEABA CON CADA ATARDECER PORQUE SE
TERMINABA LA CLARIDAD DEL DÍA Y YA NO PODÍA JUGAR CON SUS TROMPOS NI CANICAS Y DEBÍA DE GUARDARLOS, JUNTO A SU CABALLITO DE MADERA.
DESDE LUEGO AL LLEGAR LA NOCHE PLATICABA CON ELLA Y LE PEDÍA QUE SE
MARCHARA PRONTO, PARA QUE LLEGARÁ EL NUEVO DÍA.
Y ASÍ PASARON MUCHOS AÑOS, ENTRE PLEITOS CON LOS ATARDECERES Y PLÁTICAS CON LAS NOCHES.
Y AHORA, QUE HE LEVANTADO LA CORTINA DEL TIEMPO, QUE CUBRÍA LA VENTANA DE MI VIDA, ME HE DADO CUENTA, QUE YA NO PUEDO VER CON CLARIDAD LOS HERMOSOS AMANECERES Y QUE MUCHAS VECES SÓLO DESEO LA CAÍDA LA NOCHE, PARA RETIRARME A DESCANSAR.
YA ME SIENTO CANSADO Y AHORA PLATICO CON CADA NOCHE DESEANDO QUE SEAN ETERNAS.
EN OCASIONES, DEJO VOLAR MI IMAGINACIÓN Y QUISIERA RECORDAR, DÓNDE QUEDÓ MI CABALLITO DE MADERA.
MUCHAS VECES EN MIS SUEÑOS, ESCUCHO EL GOLPETEO DE MIS CANICAS Y EL ZUMBIDO DE MIS TROMPOS.
EN OCASIONES, TAMBIÉN CREO ESCUCHAR LA VOZ DE MI MADRESITA, QUE AHORA YA ES UNA HERMOSA VIEJECITA.
Y DESDE LUEGO, EN OCASIONES SIENTO ESCUCHAR, LA VOZ FUERTE DE AQUÉL HOMBRE, QUE CON SUS MANOS ELABORABA MIS JUGUETES DE MADERA.
EL FÍSICAMENTE YA NO ESTÁ CONMIGO, SE A MARCHADO PARA SIEMPRE Y SE QUE ALGÚN DÍA, TAMBIÉN YO ME MARCHARE.
PERO MIENTRAS TANTO, SEGUIRÉ ESCRIBIENDO INTENTANDO LLEGAR A MUCHOS
CORAZONES, PORQUE SE, QUE LA PUERTA DE MI VIDA, SERÁ CERRADA, CON LA CORTINA DEL TIEMPO.

UN ESPEJISMO DE FELICIDAD.

DETENTE,
ESE CAMINO PARECE FACIL,
PORQUÉ,
ESTA LLENO DE DIVERSIONES Y PLACERES,
PERO, ES ENGAÑOSO Y FALSO,
Y LA FELICIDAD ES EFIMERA Y PASAJERA.
NO DES UN PASO MAS,
PORQUE,
EL PRESIO QUE PAGARÁS,
SERA MUY ALTO.
DOLOR Y SUFRIMIENTO,
SERAN LAS CONSECUENCIAS,
POR QUERER ALCANZAR,
UN ESPEJISMO DE FELICIDAD.

UN ALMA SIN DISFRAZ.

ESTE DÍA MI PLUMA DERRAMÓ SU TINTA, CUAL LÁGRIMAS GOTEABA
SOBRE ESE PULCRO PAPIRO.
EN EL CUAL, CON MI ESCRITO DESEABA CAMBIAR EL FATAL DESTINO,
DE ESAS PEQUEÑAS ALMAS, QUE SIN CULPA Y MANCHA ALGUNA,
EMPRENDEN EL VUELO, CON LAS ALAS DE LA INOCENCIA.
DEJANDO UN PROFUNDO VACÍO EN LOS CORAZONES, DE AQUELLOS
QUE GOZABAN CON ESAS MUECAS O SONRISAS INFANTILES.
CUÁNTOS DE ESOS PEQUEÑOS HAN DEJADO, SOLO DE TRISTE
RECUERDO, SUS JUGUETES, ALGUNOS OTROS, SIMPLEMENTE UNA
PAÑALERA.
UNA PAÑALERA, QUE CON ANSIA ESPERABA SER ABIERTA, PERO, QUE
NO NUNCA SE ABRIÓ, PORQUE AQUELLA PEQUEÑA ALMA, NO OCUPABA
ESE DISFRAZ PARA ENTRAR AL REINO DE DIOS.
MI TINTA Y MIS LÁGRIMAS HUMEDECIERON MI ESCRITO Y A PUNTO
ESTUVO DE
DESVANECERSE, COMO SE DESVANECIERON ESAS PEQUEÑAS ALMAS.
NO GUARDEMOS RECUERDOS TRISTES, PORQUE AQUÉLLAS MUECAS O
SONRISAS ERAN DE ALEGRÍA,
YA NO SE OCUPAN ESOS JUGUETES, TAMPOCO LA PAÑALERAS,
PORQUE ÉSAS PEQUEÑAS ALMAS NO OCUPABAN DISFRAZ, PARA SER
ÁNGELES O QUERUBINES.
SIMPLEMENTE SON UN ALMA SIN DISFRAZ

UNA CORAZA DE ACERO.

CUANDO,
LOS SUENOS MAS HERMOSOS,
SON DESTRUIDOS CON MENTIRAS.
LAS ILUCIONES SE DESPEDAZAN,
COMO UNA COPA DE CRISTAL,
QUE SE HASE PEDAZOS,
AL CAER SOBRE LAS ROCAS.
Y EL AMOR SE NOS ESCURRE,
COMO EL AGUA ENTRE LOS DEDOS.
Y EL DOLOR,
FORMA UNA CORAZA DE ACERO,
EN NUESTROS CORAZONES,
Y NUESTRA ALMA SE DEFIENDE,
HASTA DE LA PERSONA QUE BUSCA,
UNA OPORTUNIDAD DE AMAR.

PESCADOR DE ILUSIONES.

EN LA LEJANÍA DE LA PLAYA, BRILLABA UNA TENUE LUZ, ERA LA LÁMPARA DE UNA PEQUEÑA EMBARCACIÓN, QUE SE PERDÍA POCO A POCO, EN LA INMENSIDAD DEL OCÉANO.
EN ELLA, ZARPABAN TRES HUMILDES PESCADORES, CON LA ILUSIÓN DE QUE SUS REDES SE LLENARAN DE PECES.
PERO ANTES, TAMBIÉN SE LLENABA DE ILUSIONES, EL HAMBRE Y LAS NECESIDADES YA HABÍAN LLENADO SUS HOGARES, PORQUE DURANTE VARIAS NOCHES ANTERIORES, SUS REDES NO HABÍAN SIDO BENDECIDAS POR NEPTUNO.
SIN EMBARGO, AFRODITA REINABA EN SUS HOGARES, SUS ESPOSAS Y SUS FAMILIAS REZABAN POR UNA BUENA PESCA Y CON ILUSIONES ESPERABAN SU LLEGADA EN LA MISMA PLAYA.
LA PESCA HABÍA ESCASEADO Y POR ESO, A SUS FAMILIAS, NO LES EXTRAÑO, QUE ESA NOCHE NO ARRIBARAN A LA PLAYA, A LA SIGUIENTE NOCHE, SUS FAMILIAS ESPERABAN CON ANSIAS Y JÚBILO, VER LA PEQUEÑA LUZ ACERCARSE A LA PLAYA.
PERO LA PEQUEÑA LUZ, SE EMPEZÓ A HACER IGUAL A LA ESPERANZA, DE QUE
REGRESARAN, LA TERCERA NOCHE, LA FE ESTABA PERDIDA, AL IGUAL QUE LA PEQUEÑA EMBARCACIÓN, EN LA INMENSIDAD DEL OCÉANO.
Y MIENTRAS EN EL OCÉANO SE DESATABA UNA MAREJADA, EN LOS HOGARES DE
AQUELLAS FAMILIAS, SE HABÍA DESATADO, UNA TORMENTA DE LÁGRIMAS.
NEPTUNO O EL PESCADOR DE HOMBRES, HABÍAN COBRADO SU CUOTA, AQUELLOS TRES HUMILDES PESCADORES, JAMAS REGRESARÍAN A SUS HOGARES.
LA FE Y EL AMOR A SUS SEMEJANTES, HICIERON QUE VARIAS EMBARCACIONES, SALIERAN EN BUSCA DE AQUELLOS HUMILDES PESCADORES, CADA EMBARCACIÓN ZARPÓ, VACÍA DE REDES, PERO LLENAS DE FE Y ESPERANZA, EN EL RESCATE DE AQUELLOS CONQUISTADORES DEL MAR.
DE LOS CUÁLES TRISTEMENTE SOLO SE ENCONTRARON SUS CUERPOS SIN VIDA, HABÍAN, PERDIDO SU BATALLA CONTRA NEPTUNO Y JAMÁS PESCADOR ALGUNO OLVIDARÍA LA TRISTE HISTORIA DEL PESCADOR DE ILUSIONES.

RIETE DE LA IRA.

SI TE PROVOCAN, NO ATAQUES,
DEMUESTRA TU INTELIGENCIA,
Y RIETE DE LA IRA.
PORQUE,
SI EL CORAJE TE GANA,
SERAS IGUAL A LA PERSONA,
QUE TE ESTA PROVOCANDO.
Y LA FURIA TE PUEDE DAR FUERZAS,
Y MUCHO ODIO.
Y CON ESA ACTITUD EQUIVOCADA,
HARAS Y DIRAS COSAS,
QUE SEGURAMENTE,
DESPUES TE ARREPENTIRAS.

SUEÑO DE MUERTE.

ESTABA CAYENDO LA TARDE Y EN UN BARRIO POLVORIENTO, DE CASAS VIEJAS Y
DERRUIDAS POR EL TIEMPO, LA MAYORÍA HECHAS DE MADERA Y TECHOS DE LÁMINA DE CARTÓN, SE DESARROLLABA LA HISTORIA QUE LES VOY A RELATAR, AUNQUE PASÓ HACE MUCHOS AÑOS, ES MUY DIFÍCIL DE OLVIDAR.
EN LA CALLE SE ESCUCHABAN GRITOS DE ALGUNOS JOVENCITOS, QUE JUGABAN, FUTBOL Y VOLEIBOL, ENTRE OTROS JUEGOS.
ERA COTIDIANA LA REUNIÓN DE TODOS ÉSOS JÓVENES, QUE AL CAER LA TARDE, SE REUNÍAN Y EN OCASIONES JUGABAN HASTA MUY NOCHE, EL TIEMPO VOLABA, ENTRE GRITOS Y RISAS.
TODOS SE PERCATABAN, QUE SIN FALTAR UN DÍA, TENÍAN UN FIEL ESPECTADOR, ERA UN JOVEN DE ALGUNOS 25 AÑOS, QUE VIVÍA CERCA A LA IMPROVISADA CANCHA DE FÚTBOL.
EL ERA UN DISCAPACITADO, NO TENIA HABLA Y TAMPOCO PODÍA CAMINAR, EN OCASIONES, SUS HERMANOS LO CARGABAN Y OTRAS EL LLEGABA ARRASTRÁNDOSE HASTA AQUELLA ESQUINA A PESAR DE ESTO, SU ROSTRO DIBUJABA CASI SIEMPRE UNA SONRISA.
AUNQUE EN MUCHAS OCASIONES, SUS OJOS SE LLENABAN DE LÁGRIMAS, ALGUNOS PENSABAN QUE ERA POR EL DESEO DE JUGAR COMO TODOS.
OTROS AFIRMABAN QUE ERA, MUY MALTRATADO POR SU FAMÍLIA, RENEGABAN DEL ÁNGEL QUE LES HABÍA MANDADO DIOS, PERO LO PEOR DE TODO, ERA QUE SUFRÍA DE ATAQUES DE CATALEPSIA.
EN UNA OCASIÓN, SENCILLAMENTE NO DESPERTÓ Y RÁPIDAMENTE EMPEZARON A VELARLO.
CUENTAN QUE AQUEL JOVEN SUDABA, DENTRO DEL FÉRETRO Y AÚN ASÍ PROCEDIERON A SEPULTARLO.
AFIRMAN, QUE CUANDO LO CUBRÍAN DE TIERRA SE ESCUCHABAN RUIDOS EXTRAÑOS Y DESESPERADOS DENTRO DEL FÉRETRO.
PERO AUN HACI, LE DIERON SEPULTURA AQUEL ÁNGEL, QUE DIOS LES HABÍA MANDADO Y A PARTIR DE ESE DÍA, AQUELLA FAMÍLIA SE LLENÓ DE CALAMIDADES Y SUCESOS MUY DUROS Y DOLOROSOS.
MUCHOS AFIRMARON QUE HABÍA SIDO, POR HABER SEPULTADO CON VIDA, A AQUEL ÁNGEL, QUE SE HABÍA PERDIDO EN, UN SUEÑO DE MUERTE.

LA VIDA ES COMO UN JUEGO.

LA VIDA, ES COMO ESTAR DENTRO DE UN ESTADIO DE FUTBOL
DONDE TODOS LOS JUGADORES QUE PARTICIPAN,
CADA QUIEN TIENE UNA POSICION,
DENTRO DEL JUEGO.
UNOS DEFIENDEN Y OTROS ATACAN,
LOS QUE ESTAN DENTRO DEL JUEGO,
LUCHAN POR GANAR.
Y LOS ESPECTADORES,
LES GRITAN UNOS ANIMANDOLOS.
 Y OTROS CRITICANDOLOS
Y EL TECNICO,
 DICIENDOLES COMO HACERLE PARA GANA EL JUEGO.
 Y AL TERMINAR EL PARTIDO,
UNOS SUFRIERON Y OTROS DISFRUTARON.
Y SOLO QUEDA LA POLEMICA,
PERO TODOS, AL FINAL,
ABANDONARAN EL ESTADIO.

LA SOMBRA DE MI SOMBRA.

DE LA FIGURA IMPONENTE DE AQUEL HOMBRE, YA SOLO QUEDABA UNA DELGADA
SILUETA, QUE PARECÍA UNA SOMBRA.
Y QUE AL CAMINAR BAJO LOS RAYOS DEL SOL, ESA SOMBRA, FORMABA MI VERDADERA SOMBRA.
EN ELLA, MI ANDAR ERA CON PASOS LENTOS Y CANSADOS, EL TIEMPO, EL CUAL HABÍA SIDO MI MEJOR AMIGO Y CONSEJERO, TAMBIÉN, HABÍA SIDO UN MUDO TESTIGO DE MI LARGO PEREGRINAR.
Y DE LA MANO, JUNTOS, HABÍAMOS SABOREADO TRIUNFOS Y SUFRIDO LAS DERROTAS,
NUESTRO TIEMPO ES EFÍMERO COMO LA FLAMA DE UNA VELA Y MUCHAS VECES INTENTE ENGAÑAR A LA VERDAD Y ESCAPAR DE LA MENTIRA.
EN MI AZAROSA VIDA, MUCHAS COSAS FUERON DIFÍCILES DE ENTENDER Y NADA FÁCILES DE APRENDER.
INCONTABLES VECES, DEJE VOLAR MI IMAGINACIÓN AL INFINITO, HACIÉNDOME PREGUNTAS, SIN ENCONTRAR RESPUESTAS Y AL FINAL DE MIS PREGUNTAS
SIN RESPUESTAS, SIEMPRE LLEGUE AL ENTENDIMIENTO, QUE NO NECESITABA
APRENDER, LO QUE NO OCUPABA SABER.
PORQUE, ENTRE MÁS COMPRENDÍA, MENOS ENTENDÍA, PORQUÉ, EL SER HUMANO BUSCA LA SENDA DEL SUFRIMIENTO.
Y EN LAS MONTAÑAS DE HIELO, QUE SE FORMA EN LOS CORAZONES HUMANOS,
BUSCAMOS PARAÍSOS INEXISTENTES.
MUCHAS VECES QUISE CORRER DE MI VIDA, A LA SOLEDAD, CUANDO REALMENTE, LA SOLEDAD ERA MI VIDA.
Y ES ASÍ COMO E LLEGADO A LA CONCLUSIÓN QUE SOLO E SIDO, LA SOMBRA DE MI SOMBRA.

SOBRE BASURA Y ESPINAS.

PORQUE, SI CADA MAÑANA
HAY UNA CLARIDAD ESPLENDOROSA.
HAY QUIENES VIVEN EN UN MUNDO,
DE OBSCURIDAD Y TINIEBLAS.
COMO ES POSIBLE,
QUE HAYA QUIEN TRANSITE,
SOBRE VEREDAS DE BASURA Y ESPINAS.
HABIENDO, JARDINES Y BELLOS PAISAJES.
COMO PUEDEN ALGUNOS,
INGERIR TRAGOS DE AMARGURA,
Y HACER GARGARAS DE HIEL.
ACASO EL SER HUMANO,
DEVE SER, CIEGO, SORDO Y MUDO.
PARA PODER VER, CON CLARIDAD,
ESCUCHAR SOLO VERDADES.
Y HABLAR. PALABRAS LLENAS DE SABIDURIA.
REALMENTE, QUE QUIERE EL SER HUMANO?.

UNOS TRINFADORES.

QUE DICHOSO, ES AQUEL CIEGO,
QUE CADA MANANA INICIA SU PEREGRINAR,
AYUDADO POR SU FIEL COMPANERO,
QUE TAMPOCO TIENE OJOS, NI HABLA,
PERO QUE LO AYUDA A SORTEAR,
LOS OBSTACULOS EN SU CAMINO.
O AQUEL INVALIDO,
QUE SE ARRASTRA HASTA UNA ESQUINA,
PARA PEDIR LIMOSNA.
Y QUE NOSOTROS EQUIVOCADAMENTE,
LES LLAMAMOS POBRECITOS,
COMO PUEDEN SER POBRECITOS,
ESOS SERES,
QUE AUN CON SUS DEFICIENCIAS FISICAS,
LUCHAN PARA VALERSE POR SI MISMOS.
NO, POBRECITOS, NO.
ELLOS SON UNOS TRIUNFADORES,
UNOS CAMPEONES EN LA VIDA.
POBRECITOS SON,
LOS QUE ESTANDO FISICAMENTE SANOS,
 NO SON CAPACES DE VALERSE POR SI SOLOS.

SIN PROMESAS.

TU NO ERES DIOS, PERO ES MUY PROBABLE
QUE ALGUIEN CONFIE EN TI.
ENTONSES, NO LE ENGANES, NI LE MIENTAS.
PORQUE SU FORTALEZA MORAL,
PROBABLEMENTE ESTE SUSTENTADA EN TI.
Y UNA DESEPCION,
PODRIA SER MUY DOLOROSA.
Y TALVEZ, LA OBLIGARIAS A COMETER ERRORES.
AL TOMAR DESICIONES EQUIVOCADAS.
POR ESO, NO HAGAS PROMESAS,
QUE NO HAS DE CUMPLIR.

SANGRE DE TU SANGRE.

ESTA NOCHE, MIENTRAS MI PLUMA RAYABA LAS LETRAS DE UNA HISTORIA DOBLEMENTE TRISTE.
UNA MUJER SUFRIA OTRA NOCHE DE INSOMNIO, CARGABA UNA CRUZ MUY PESADA,
SUFRIA DE LA CRUEL ENFERMEDAD LLAMADA CÁNCER Y PERMANECÍA POSTRADA EN UNA SILLA DE RUEDAS.
AUN ASÍ, EL MARTILLO ACUSADOR NO GOLPEABA SOBRE LOS LIBROS DE LEYES,
GOLPEABA SOBRE SU PROPIO CORAZÓN, PORQUE SU JUEZ Y VERDUGO ERA SU PROPIA HIJA.
AQUELLA HIJA, QUE CON CRUELDAD LA CULPABA Y SIN PIEDAD LA SENTENSIABA.
NO HABÍA MISERICORDIA, SOLO ODIOS Y RENCORES.
AÚN SIN CULPAS O CON CULPAS Y MURIENDO LENTAMENTE, NINGÚN HIJO DEBE CULPAR A UNA MADRE.
ACASO SIENDO UN SIMPLE HUMANO, UNA MADRE HUBIERA PODIDO CAMBIAR LOS
DESIGNIOS DEL SEÑOR?.
O TAL VEZ HUBIESE PODIDO CAMBIAR EL DESTINO DE LA MUERTE?.
MUCHOS SOPORTAN SER JUZGADOS POR LOS DESIGNIOS DEL SEÑOR, PERO QUIEN ACEPTA SER JUZGADO POR LOS ACTOS DE OTROS?.
YO ESTOY SEGURO, QUE NADIE, SOLO JESUCRISTO ACEPTO CARGAR UNA CRUZ TAN PESADA SIN CULPA,
LA VIDA ES DOLOR, PERO ES MÁS DOLOROSO CUANDO, TU JUEZ Y VERDUGO ES,
SANGRE DE TU SANGRE.

UN UNIVERSO DE FANTASIA.

SI TU DEJAS QUE TU IMAGUINACION DIBAGE,
EN UN UNIVERSO DE FANTASIA.
TEN CUIDADO, PORQUE LO MAS SEGURO,
ES, QUE SUFRIRAS.
YA QUE DESPERTARAS,
EL UN MUNDO DE REALIDADES
DONDE, EL DOLOR, LA ENVIDIA Y LOS CHISMES,
YA TRANSFORMARON A LAS SOCIEDADES.
Y A PUNTO ESTA DE DESTROZAR,
CON LA DAGA INMISERICORDE DEL DOLOR,
LA BONDAD Y EL AMOR,
DE LOS BUENOS CORAZONES.

UN MUNDO DE HERMITANOS.

COMO PUEDE SER POSIBLE,
QUE VIVAMO EN UN MUNDO DE ERMITAÑOS.
PERO LO EXTRAÑO ES,
QUE CAMINAMOS ENTRE UNA MULTITUD DE GENTE,
Y PODEMOS TROPEZAR ENTRE NOSOTROS,
SIN SIQUIERA PREGUNTAR TE LASTIMASTE.
EN MISA NOS DAMOS LA MANO DICIENDO,
LA PAZ ESTE CONTIGO HERMANO.
QUE TRISTE ES EL DESTINO DE LA HUMANIDAD,
QUE DE SEGUIR ASI,
ES MUY PROBABLE QUE UN ROBOT,
LLEGUÉ A TENER MAS CORAZÓN, QUE UN SER HUMANO.

LA GRAN FIESTA.

TODOS SOMOS INVITADOS,
A LA GRAN FIESTA,
QUE DIOS ORGANIZO EN LA TIERRA.
Y LA COMIDA, ES DE BUFFET,
DONDE HAY MILES DE PLATILLOS,
DE LOS CUALES PODRAS COMER,
TODO LO QUE QUIERAS.
DEL PLATILLO QUE QUIERAS,
Y BEBIDAS, PUEDES TOMAR DE LA QUE QUIERAS.
PERO NO COMAS, NI BEBAS TAN RAPIDO.
PORQUE TE LLENAR MUY PRONTO,
Y TENDRAS QUE ABANDONAR LA FIESTA,
Y RECUERDA, NADA ES PARA LLEVAR.

HIPOCRITAS Y MENTIROSOS.

PORQUE, MUCHOS HABLAMOS DE MITOLOGÍAS,
SI POCOS CONOCEN DE REALIDADES.
PORQUE LABRAN PIEDRAS, PARA CONSTRUIR UN TRONO
EN EL NOMBRE DE UN REY.
SI REALMENTE, ESAS PIEDRAS CONSTRUYEN.
BÓVEDAS DE RIQUEZAS.
QUIENES SON UNOS?
Y QUIENES SON OTROS?
IDEALISTAS, PROFETAS O FALSOS Y AVENTUREROS.
DIOS, NO OCUPA TRONOS.
ENTONSES, PARA QUE LABRAR PIEDRAS EN SU NOMBRE?
SERAN ESTOS LOS FALSOS PROFETAS?
O HIPÓCRITAS Y MENTIROSOS?

EL DESIERTO MAS ARIDO.

SI EN EL DESIERTO MAS ÁRIDO,
CADA PERSONA,
PUSIERA UNA PEQUEÑA GOTA DE FE
FORMARIAMOS UN PEQUEÑO MANANTIAL.
DONDE, MUCHOS OTROS PODRIAN MITIGAR,
SU SED ESPIRITUAL.
Y ENTRE TODOS FORMARIAMOS UN INMENSO LAGO.
Y QUE ÚNICAMENTE UN AS LUMINOSO DIVINO,
NOS GUIARÁ HASTA ESE LAGO.
DONDE PUDIÉRAMOS AHOGAR LOS DOLORES,
Y LAS INCERTIDUMBRES.
Y LLENARNOS DE PAZ ESPIRITUAL.

EL OASIS DE LA FE

MIS REFLEXIONES

ESCRITOR OCTAVIO VALADEZ

Made in the USA
Columbia, SC
21 September 2019